AF298343

LETTRES

DE LAMARTINE

Librairie de E. DENTU, éditeur.

OUVRAGES DU MÊME AUTEUR :

LES FEMMES DE VERSAILLES

La Cour de Louis XIV.	3 50
La Cour de Louis XV.	3 50
Les Dernières Années de Louis XV.	3 50
Les Beaux Jours de Marie-Antoinette.	3 50
Marie-Antoinette et la Fin de l'ancien Régime.	3 50

LES FEMMES DES TUILERIES

Le Château des Tuileries.	3 50
Marie-Antoinette aux Tuileries.	3 50
Marie-Antoinette et l'Agonie de la Royauté.	3 50
La Dernière Année de Marie-Antoinette.	3 50
La Jeunesse de l'Impératrice Joséphine.	3 50
La Citoyenne Bonaparte.	3 50
La Femme du Premier Consul.	3 50
La Cour de l'Impératrice Joséphine.	3 50
Les Dernières Années de l'Impératrice Joséphine.	3 50
Les Beaux Jours de l'Impératrice Marie-Louise.	3 50
Marie-Louise et la Décadence de l'Empire.	3 50
Marie-Louise et l'Invasion de 1814.	3 50
Marie-Louise, l'île d'Elbe et les Cent-Jours.	3 50
Marie-Louise et le Duc de Reichstadt.	3 50
La Jeunesse de la Duchesse d'Angoulême.	3 50
La Duchesse d'Angoulême et les Deux Restaurations	3 50
La Duchesse de Berry et la Cour de Louis XVIII	3 50

FRANÇAISES DU XVIII° ET DU XIX° SIÈCLE	3 50
SOUVENIRS (Poésies).	3 »
LES FEMMES DE LA COUR DES DERNIERS VALOIS.	3 50
L'ABBÉ DEGUERRY (ouvrage couronné par l'Académie française).	2 »
UNE JEUNE VICTIME DE LA COMMUNE, Paul Seigneret.	2 »
PORTRAITS DE GRANDES DAMES.	3 50
MADAME DE GIRARDIN	3 50

En préparation :

LA DUCHESSE DE BERRY ET LA RÉVOLUTION DE 1830	3 50

Paris. — Société d'Imprimerie PAUL DUPONT (Cl.) 10.4.88.

MADAME DE GIRARDIN

PAR

IMBERT DE SAINT-AMAND

AVEC DES LETTRES INÉDITES

DE

LAMARTINE, CHATEAUBRIAND

Mlle RACHEL

CINQUIÈME ÉDITION

PARIS

E. DENTU, ÉDITEUR

LIBRAIRE DE LA SOCIÉTÉ DES GENS DE LETTRES

3, PLACE DE VALOIS, PALAIS-ROYAL

1888

(Tous droits réservés.)

DÉPÔT LÉGAL
Seine
N° 206
1888

LETTRES

DE LAMARTINE

M. de Lamartine a été un charmeur, Mme de Girardin une enchanteresse. Rarement on a vu s'épanouir deux natures aussi éblouissantes, aussi privilégiées par l'esprit et par la beauté, par l'imagination et par la grâce. Leur nom seul évoque une période de victoires intellectuelles, de splendeurs littéraires, de conversations étincelantes, dont le souvenir contraste avec les mesquineries et le prosaïsme de l'époque actuelle, vide et décolorée. Le plus beau génie de notre temps et la femme spirituelle entre toutes, qui mériterait d'être appelée la Sévigné du dix-neuvième siècle, ont eu l'un pour l'autre une sympathie, je dirai plus, une admiration constante. M. de

Lamartine a été l'hôte assidu de cette poétique demeure de l'avenue des Champs-Élysées, de cette maison aux blanches colonnes, que Théophile Gautier ne pouvait regarder sans pleurer, après que celle qui en avait été comme la déesse n'existait plus.

Le moment est peut-être opportun pour faire connaître au public les lettres inédites que l'auteur des *Méditations* a adressées à la femme dont le talent et le charme l'avaient séduit. M. de Laprade écrivait l'an dernier : « Plaignons la société polie et les classes cultivées, si elles arrivent à préférer à Lamartine n'importe lequel de ses contemporains. Je verrais dans cette préférence un notable abaissement du niveau moral tout autant que du goût littéraire. Mais la faveur publique revient au grand poète spiritualiste. » Cette parole s'est réalisée. Bien que leurs discours n'aient pu être prononcés sous la coupole de l'Institut, MM. Ollivier et Augier ont décerné au poète religieux, au mage de la nature, au chantre de l'universel et du divin, des éloges qui ont eu de l'écho dans bien des cœurs. On s'est souvenu de celui qui « vivra dans la mémoire des hommes aussi longtemps qu'il y aura une jeunesse, un printemps et des larmes (1). »

Mme de Girardin ne sera pas non plus oubliée. On a consacré à Mme de Sévigné de véritables travaux de bénédictins. On a pénétré jusqu'aux plus secrets replis de son cœur. On a interrogé les ombres de tous ceux qui l'avaient aimée ou admirée. On a commenté ses lettres ligne par ligne. On a reconstruit sa vie jour par jour, heure par heure. Nous souhaitons le même zèle à ceux qui s'occuperont de la mémoire de Mme de Girardin. Toutes deux ont été aimables, amusantes jusqu'à l'enivrement et la fascination. Toutes deux ont représenté d'une manière admirable l'esprit et le mouvement des salons de leur époque. Bonnes malgré leur penchant à la raillerie, sérieuses sous une apparence de frivolité, gaies à la surface, tristes dans les profondeurs de l'âme, éblouissantes de verve et

____

(1) Discours de M. Émile Ollivier.

d'entrain, parfois mélancoliques et attendries ; reines par le charme de l'imagination, par le prestige de l'intelligence, par l'art de causer et d'écrire, elles ont résumé, l'une et l'autre, les séductions de leur siècle. Mme de Girardin attend un Walckenaër. Cette femme belle, inspirée, dont la physionomie mobile refléta, comme un miroir magique, ce que l'enthousiasme a de plus sincère et l'ironie de plus acéré, celle qui fut tour à tour une Corinne et un journaliste, la *Muse de la patrie* et la créatrice d'un genre nouveau, la chronique, cette charmante Delphine, si noblement émue, qui savait si bien rire, si bien sourire, si bien pleurer, dont le salon était comme un sanctuaire des lettres et des arts, qui avait à ses côtés, pour mieux dire à ses pieds, une pléiade d'artistes et d'écrivains de génie, cette aimable compagne du plus habile des publicistes contemporains, cette femme d'élite est digne assurément de laisser un profond souvenir.

Sainte-Beuve, qu'on ne saurait accuser d'exagération dans la louange, a salué l'influence de Mme de Girardin. « Il manquerait, a-t-il dit, quelque chose d'essentiel à la société, à la poésie et au journalisme de ce temps-ci, et les trois ensemble n'auraient pas donné leur dernier mot, s'ils ne s'étaient entendus pour produire ce composé singulier, étrange, élégant, qui, dans sa forme habile et précise, se jouant du fond, associe à son gré, avec malice, avec gaieté, naturel et même un reste de naïveté, la femme d'esprit, le cavalier à la mode, l'écrivain consommé, et l'amazone parfois encore et la muse. »

On ne lira peut-être pas sans intérêt les lettres nombreuses que M. de Lamartine adressa de 1828 à 1855 à cette femme éminente. Dans sa correspondance, l'auteur de *Jocelyn* se montre tout entier. C'est lui, avec les oscillations de sa nature ondoyante et diverse, sa soif et son dégoût de la popularité, ses aspirations bucoliques et ses plans ambitieux, ses sincères tristesses, ses courts moments d'extase, ses douloureux coups d'œil sur les problèmes de la destinée humaine. C'est lui aussi, dans ces heures très nombreuses où il dételle, pour ainsi dire, les coursiers de son char d'Apollon, où le demi-dieu se fait homme, où, dégagé de son auréole, il se présente sous un aspect intime, familier, prosaïque.

« Vous savez mieux que personne, écrivait-il, que ma vie de poète n'a jamais été qu'un douzième tout au plus de ma vie réelle. Le bon public, qui ne crée pas, comme Jéhovah, l'homme à son image, mais qui le défigure à sa fantaisie, croit que j'ai passé trente années de ma vie à aligner des rimes et à contempler les étoiles ; je n'y ai pas employé trente mois, et la poésie n'a été pour moi que ce qu'est la prière. »

Dans ces lettres, on voit apparaître tour à tour, avec une suite d'inconséquences et de contradictions qui ont leur attrait, parce qu'elles sont dans la nature, le poète et l'homme politique, le campagnard et l'homme du monde, le rêveur et l'homme d'action. Disons enfin que ce qu'on rencontre partout et toujours, au milieu de tant de métamorphoses, c'est l'admirateur respectueux et dévoué c'est le véritable ami, et non pas l'amoureux, comme on avait eu le tort de le croire ou de le dire.

M. de Lamartine a raconté lui-même dans quelles circonstances il vit pour la première fois Mlle Delphine Gay, la future Mme Émile de Girardin. C'était en 1825, à Terni, près des cascades du Velino. L'auteur des *Méditations* revenait de Rome à Florence, où il remplissait les fonctions de secrétaire d'ambassade. La belle jeune fille, qu'il ne connaissait pas, mais qui était déjà célèbre, frappa ses yeux comme une apparition. Semblable à une sibylle, debout devant la cascade écumante, elle « s'enivrait du tonnerre, du vertige et du suicide des eaux ». Le Velino roulait à la mer, avec ses ondes, « une goutte chaude et virginale du cœur d'une jeune fille de Paris, larmes sans amertume qui baignent les joues, mais qui ne sont pas des pleurs ». Devant la radieuse image, le poète tressaillit, mais l'homme resta froid. Il admira ce profil qui se dessinait en lumière, sur le bleu du ciel, cette taille élevée et souple, cette démarche de nymphe. Il se sentit doucement ému par cette voix qui était « le timbre de l'inspiration ». Mais il se tint sur la réserve. Calme, maître de lui, doué d'une grande force de volonté, il savait dominer son âme, régler ses sentiments, et dire à sa pensée : « Tu n'iras pas plus loin. »

Delphine Gay avait alors vingt et un ans, et, depuis plusieurs années déjà, sa réputation remplissait tous les salons de Paris. Suivant l'expression de M. de Lamartine, elle fut accueillie dans le monde comme *l'Aurore du Guide*. « On lui avait appris à sentir et à parler en vers ; elle avait l'image dans les yeux, l'harmonie dans l'oreille, la passion en pressentiment dans le cœur, l'éclat dans l'esprit ; ses strophes peignaient, chantaient, pleuraient, brillaient comme les gazouillements poétiques de l'oiseau qui s'essaye au bord du nid à demi-voix... Elle dépassait en charmes et en talent tout ce que le cœur d'une mère avait rêvé (1). » C'était l'époque où elle

____

(1) LAMARTINE, *Cours familier de littérature.*

composait son élégie sur le *Bonheur d'être belle;* l'époque matinale, lumineuse, à laquelle se reportait son souvenir, lorsqu'elle écrivait plusieurs années après :

> Mon front était si fier de sa couronne blonde,
> Anneaux d'or et d'argent tant de fois caressés!
> Et j'avais tant d'espoir quand j'entrais dans le monde
> Orgueilleuse et les yeux baissés.

C'était pour la société littéraire et artistique de la Restauration, une joie exquise d'entendre cette jeune Hébé, si fraiche, si gracieuse. Dans le salon de Mme Récamier, à l'Abbaye-aux-Bois, dans les salons de la duchesse de Duras, dans les matinées de la duchesse de Maillé, au château de Lormois, elle brillait de l'éclat le plus pur. « Lorsque sa voix si poétiquement accentuée redisait la veuve de Naïm, ou Velléda, ou le Parthénon, tout le cercle diplomatique, politique et scientifique, se taisait; toutes les opinions semblaient un moment d'accord, et, dans ce silence, la jeune Muse de la patrie, comme elle-même s'était nommée sans contradicteur, était couronnée sans rivale.

« Plus encore que Mlle Delphine Gay, M. de Lamartine devenait l'idole des salons parisiens, quand par hasard il s'y montrait. L'envie se taisait à ses pieds. Sa gloire, grandie par l'éloignement — il était presque toujours à son poste diplomatique à Florence — ne soulevait aucune protestation. Lorsqu'il récitait d'une voix grave et douce, que nul débat politique n'avait encore fatiguée, quelques-unes de ses poésies si neuves, si pénétrantes, c'était une émotion, un enthousiasme général (1). »

Cette période de sa vie est complètement connue, depuis qu'une grande partie de sa correspondance vient d'être publiée par la femme distinguée d'esprit et de cœur qui fut l'Antigone de sa vieillesse, et qui aujourd'hui veille sur sa gloire avec un soin si religieux (2). Agé de trente-cinq ans, il n'avait encore fait paraître qu'un seul ouvrage, mais un ou-

______

(1) M. Villemain, *Souvenirs contemporains.*
(2) *Correspondance de Lamartine,* publiée par Mme Valentine de Lamartine.

vrage immortel : *les Méditations poétiques.*
Se considérant bien plutôt comme un secrétaire d'ambassade que comme un écrivain;
plus occupé de diplomatie que de littérature,
restant souvent des mois entiers sans écrire
un seul vers; presque gêné par sa gloire de
poète, qui était, il le craignait du moins, un
obstacle pour sa carrière, il n'avait plus l'ardeur de la première jeunesse, et, fidèle à sa
femme, pour laquelle il professait la plus
haute et la plus affectueuse estime, il goûtait
en repos les joies de la famille. Légitimiste et
catholique, il avait alors en politique et en
religion une foi sincère. C'était l'année où il
écrivait à son meilleur ami, le comte de Virieu (1) : « J'ai fait mes pâques ce matin,
sans t'oublier », et où il parlait, dans la même
lettre, du *Chant du Sacre,* qu'il venait de
composer « ni pour gloire, ni pour argent,
mais par pure conscience royaliste ». A cette
époque de sa vie, il n'aurait pas voulu jeter le
trouble dans l'imagination ou dans le cœur

---

(1) Lettre du 7 avril 1825.

d'une jeune fille. Si une telle idée lui fût venue, il l'aurait repoussée avec indignation. Il n'était plus alors au temps de Graziella. L'amour ne lui apparaissait encore que comme un lointain souvenir, comme un regret. Eût-il eu d'ailleurs une nature plus portée à la passion, quelque chose l'aurait refroidi pour Mlle Delphine Gay. Il ne la trouvait point assez mélancolique. Il eût voulu moins de soleil et plus de nuages.

« Elle n'avait, à mon goût, a-t-il dit, qu'une imperfection, elle riait trop. Hélas! beau défaut de la jeunesse qui ignore la destinée. » Seize ans plus tard, il devait lui écrire : « La gaieté est amusante, mais, au fond, c'est une jolie grimace. Qu'y a-t-il de gai dans le ciel et sur la terre? Le bonheur est triste lui-même quand il est complet, car l'infini est sublime, et le sublime n'est pas gai (1). »

Il lui reprochait aussi un peu, lui qui se retrempait souvent à la campagne, cette grande inspiratrice, de se plaire trop dans une atmo-

---

(1) Lettre de M. de Lamartine à Mme de Girardin, 1841.

sphère de serre chaude, dans l'air parfumé des salons, cet air « trop artificiel et trop tempéré pour donner à la poésie la trempe énergique, nécessaire à l'imagination comme au caractère du talent. » M. de Lamartine modéra donc son enthousiasme pour Mlle Delphine Gay. Il n'aspira qu'à en faire son amie, et, ce but, il ne tarda pas à l'atteindre. Flattée des éloges décernés par le grand poète, la jeune fille lui témoigna sur-le-champ sa reconnaissance et son affection, sentiments qui, chez elle, demeurèrent toujours inaltérables. De son côté, M. de Lamartine eut les plus grands égards, les prévenances et les attentions les plus délicates pour elle et pour sa mère, femme d'esprit, justement fière d'une pareille fille. Il les rçut toutes deux à Florence en 1826.

Sa correspondance avec la nouvelle Corinne est aimable, affectueuse, mais ne contient pas la moindre trace de passion. C'est de l'amitié pure, sans un éclair d'amour. Le lecteur va en juger.

La première lettre, écrite le 31 décembre

1828, est datée de Saint-Point, où M. de Lamartine était en congé. Une lettre qu'à la même époque il adressait à M. de Virieu montre quel était alors l'état de son âme (11 décembre 1828) :

« Je suis dans un des rares moments où l'homme modéré et dégrisé peut dire : Je suis heureux. Je me repose entre deux fatigues. Mais mon repos est occupé. J'ai cent ouvriers à Montculot et presque autant ici. Je me lève la nuit pour ajouter au jour. Ma santé est supportable, mon âme paisible, mon cœur doucement rempli, mon esprit intéressé, la route de ma vie sans pierre ni épines. Je n'ai qu'à remercier Dieu, et le bonheur et la reconnaissance sont, tu le sais, pour nous deux, les deux colonnes du sanctuaire... Je suis plus religieux quand je suis, comme ici, solitaire et content :

> Ainsi plus le temple est vide,
> Et mieux l'écho retentit. »

La lettre à Mlle Delphine Gay est en parfaite conformité avec la lettre au comte de Virieu. La voici :

« Saint-Point, 31 décembre 1828.

« MADEMOISELLE,

« J'ai reçu la lettre et le volume. J'ai lu les vers avec le sentiment que j'avais en les entendant. C'est tout dire. Quand l'impression froide n'enlève rien du charme que l'auteur lui-même (et quel auteur!) peut donner à ses vers, on ne doit rien désirer. Ils ajouteront, s'il est possible, à votre renommée, et vous feront des amis de plus.

« Cependant il y règne un ton de mélancolie qui était moins senti dans les premiers volumes. Est-ce que vous seriez moins heureuse? Quand on vous a connue, c'est-à-dire aimée, on a le droit de s'intéresser non seulement à l'ouvrage, mais plus encore à l'écrivain. Pardonnez donc cet intérêt, fût-il indiscret.

« J'ai bien regretté de ne pas vous trouver à Paris. Je ne sais plus quand j'y retournerai. Mais ne passeriez-vous point au printemps par le voisinage de Saint-Point? Alors accordez-moi une halte d'un mois ou deux.

« Que fait Madame votre mère ? 1829 ne verra-t-il rien paraître d'elle ? Pour moi, je suis heureux et occupé. Mais je n'écris et surtout je n'imprime rien. Je n'ose plus. J'ai passé la veine du bonheur poétique (1). J'en suis à la quiétude réelle. Cela vaux mieux. Je crains de la compromettre, et je ne fais quelquefois des vers que pour me parler à moi-même.

« Adieu, Mademoiselle; recevez encore ma vive reconnaissance pour un si aimable souvenir inscrit sur une page immortelle.

« Puisse celle où je vous offrirai le mien partager le même destin ! Mais, immortel ou non, il est tendre et sincère, et durera autant que moi. »

La seconde lettre, écrite le 22 juillet 1829, est datée de Mâcon, où M. de Lamartine était de retour, après avoir été passer quelques jours à Paris, pour s'y occuper des intérêts de sa carrière diplomatique. Le même jour, il avait écrit à M. de Virieu :

---

(1) Il disait cela, et n'avait pas encore écrit *Jocelyn !*

« *Ecco, mi caro amico,* revenu de Paris comme j'y suis allé : mon sort n'est pas plus décidé. On n'a pas voulu de ma démission; on m'a comblé de bontés, d'argent, d'égards, de coquetteries; je reviens donc en attendre patiemment les effets. J'ai vu, à la lettre, tout Paris. J'y suis toujours de mieux en mieux fêté, aimé, prôné, caressé, enivré d'encens et de faveurs; jamais popularité élégante n'a duré si fort, ni si longtemps; les absences ne font jusqu'ici que la fortifier... Mais je meurs de souffrance, ennui, mal de tête, rhumatisme, fièvre, estomac et goutte. Quel métier! Cela me dégoûte de tout. Je n'apprécie rien qu'un rayon de soleil et une heure de non-douleur, avec un livre amusant sur les genoux et des chiens sur mes pieds. Dieu met le fiel dans le miel : sans cela la vie peut-être m'enivrerait. Mais cette vie, si brillante, aux yeux de ceux qui me voient passer et rayonner à Paris, c'est une espèce d'agonie. J'ai pitié et envie de ceux et de celles qui m'envient. »

Voici la seconde lettre à Mlle Delphine Gay :

« Mâcon, 2 juillet 1829.

« MADEMOISELLE,

« J'arrive à l'instant, je trouve les vers divins et le joli portrait de Nisida. C'est le jeudi qui m'arrive huit jours trop tard! C'est peut-être mieux ainsi. J'aurais quitté Paris avec trop de regrets après une preuve d'amitié de plus. Vous m'en avez assez comblé, et j'y ai été assez sensible, sans qu'il fût nécessaire d'y rien ajouter de part et d'autre. Je n'oublierai jamais ce bon mois passé à vous voir si souvent, si à l'aise, si intimement, et toujours avec une admiration et une sympathie croissantes non pas seulement pour votre beau génie poétique, mais pour vos mille qualités d'esprit et d'âme qui vous feraient aimer même par ceux qui ne sauraient ni lire ni entendre.

« Je pense que vous êtes toutes deux maintenant dans la vallée de l'Orge, comme je vais dans peu de jours me retirer moi-même dans celle de Saint-Point. J'aurai là un crayon et un album et l'ombre d'un arbre, et je vous enverrai quelques vers; mais, je vous assure, bien au-dessous de ce que vous venez de m'envoyer, de tout ce que vous m'avez lu à Paris! Je ne suis ici que comme à l'auberge à attendre ma femme et Julia, qui doivent arriver bientôt. Nous irons ensuite passer un mois à Saint-Point et un mois dans notre terre de Dijon. Mme Gay et vous, vous souviendrez-vous de la presque promesse d'y venir en allant en Suisse ou en Italie?

« J'irai à Paris, je pense, en septembre ou en octobre. Y serez-vous? En tous cas, j'irai vous chercher à la campagne : vous l'avez promis.

« Nisida est parfaite, et le nom de sa maîtresse m'empêchera de l'égarer Dites à Madame votre mère qu'elle aura le petit chien dans six semaines environ; il est à Saint-Point. Elle viendra, j'espère, le chercher à son passage.

« Mais adieu. Je ne vous dis rien de tout ce que je voudrais vous dire à toutes deux; écrire est insipide. Il vaut mieux une heure de causerie comme à Paris. »

La troisième lettre est particulièrement intéressante, parce qu'elle montre avec quel
soin M. de Lamartine voulait éviter tout
ce qui aurait pu effleurer la réputation d'une
jeune fille pour laquelle il avait autant d'estime que d'amitié :

> « Au château de Montculot, près Dijon,
> 15 septembre 1829.

> « J'ai reçu bien tard votre aimable lettre,
> parce que je suis au fond des bois, dans ce
> que les Anglais appellent une abbaye, et
> celle-ci en vérité, rappelle Vallombreuse par
> son isolement et l'immensité de ses om-
> brages. C'est là que vous nous avez presque
> promis quelques jours de poésie; je n'y ai
> que des jours de chiffres et de vile prose, en-
> touré de maçons, de bûcherons et de plâ-
> triers. Je n'y ai pas eu encore une minute
> de loisir à donner aux vers. Ceci n'est pas
> une excuse pour ceux que je vous devais à
> tant de titres. Non, ceux-là sont faits depuis
> six semaines. Je les avais même copiés sur
> papier anglais à grande marge pour vous les

adresser officiellement. Le malheur a voulu que je les aie lus à quelques amis qui étaient venus me voir de Paris. Ils m'ont ordonné de les garder *in petto*. Ils ont prétendu qu'ils n'étaient pas assez compassés, mesurés, rognés, limés, pour être adressés à une jeune et belle personne comme vous; qu'on mettrait sur le compte de sentiments personnels ce qui n'était que de l'admiration poétique; que cela ferait un mauvais effet pour vous, un pire pour moi. Bref, ils m'ont convaincu, et j'ai renfermé dans l'ombre d'un secrétaire des stances qui étaient cependant bien pures de toute méchante interprétation. Je vous en ferai juge quand nous nous verrons.

« Mais quand nous reverrons-nous? Ce bouleversement politique me retient ici, vous comprendrez pourquoi. On me dit que M. de Vaudreuil prévaut sur moi. Cela va de plein droit. Je ne sais ce qui adviendra de ma destinée diplomatique. Je me résigne et, comme tout le monde, j'attends.

« Je suis bien aise que Vignet vous plaise. Il a un cœur et une âme avec tout son esprit.

Nous sommes partie l'un de l'autre, à force d'avoir vécu et pensé ensemble. Je l'attends ici dans la première quinzaine d'octobre. J'y attends ce soir même la marquise de Barol, de Turin, et sa famille, que vous connaissez, je crois. Mais je ne vous y attends plus, et c'est ce qui me chagrine.

« Si je vais huit jours à Paris, j'irai certainement vous chercher plus loin que la rue de Choiseul.

« Mais adieu, voilà mon courier piéton qui part. Je lui donne ma lettre à peine commencée. J'espère que votre aimable mère la prend pour elle autant que vous. Parlez quelquefois de nous, et soyez sûres d'autant d'amitié que d'admiration et de respects. »

La quatrième lettre est remarquable par sa teinte de tristesse. M. de Lamartine avait perdu sa mère depuis quelques mois, ce qui fut le plus grand chagrin de sa vie, et, avec son intuition de l'avenir, il voyait s'avancer la révolution de Juillet. C'est l'époque où il écrivait à M. de Virieu : « *Sempre lo stesso.*

Toujours malade, triste, accablé de pensées et d'affaires lourdes comme des pensées (1)... Ce monde est un guignon aux trois quarts. Je vais savoir si j'irai en Grèce; cela me ferait du bien physiquement et poétiquement peut-être. Pour moralement, je suis bien dégoûté; mais il faut vivre jusqu'au bout (2). » C'est sous cette impression de mélancolie que M. de Lamartine écrit à Mlle Delphine Gay :

« Mâcon, 25 janvier 1830.

« J'ai bien tardé de répondre à votre bonne et aimable lettre. Je suis malade et, par-dessus, accablé de pénibles affaires. Je vends ma terre des environs de Dijon. J'achète celle de ma mère ici près en mémoire d'elle; c'est là qu'elle nous a élevés et rendus si heureux. Je suis dans des embarras de fortune et de position. Plaignez-moi et ne m'accusez pas. Et puis, je suis si triste que je ne vous inspirerais que tristesse; et vous-même, je ne vous

(1) Lettre du 10 février 1830.
(2) Lettre du 3 mars 1830.

crois pas heureuse, ce qui m'attriste davantage. Je serai bien heureux le jour où vous
m'écrirez : « Je suis heureuse. » Ce jour viendra. Je m'en fie pour vous à vos vertus, à
vos admirables qualités et à la Providence.

« Je ne comprends pas comment M. Villemain a voulu se brouiller avec vous à propos
de son mariage. C'est mal débuter. L'amitié
va très bien à un homme marié, et la vôtre et
celle de votre aimable mère m'auraient sem-
blé, à sa place, un présent de quelque prix.

« J'en suis là, et l'on m'apporte les deux
volumes du *Moqueur* (1), avec un mot bien
bon de votre mère. Remerciez-la vite. Je vais
couper et lire; ce sera ma conversation au
moins avec vous et avec elle. Ne pourriez-
vous me faire acheter des lettres de notre ami
Custine et les deux derniers volumes de
Bourrienne, et me les envoyer par la même
voie? Je vous rembourserai tout cela en arrivant à Paris.

« Je me fais, dans ma tristesse même, une

---

(1) Ouvrage de Mme Gay

douce perspective de me retrouver quelquefois au coin de votre feu, dans l'intimité de
votre famille. Je ne pense plus aux vers. Ils
sont une fête de l'âme qui ne me sera de longtemps permise. J'ai écrit ces quatre jours
l'éloge de M. Daru (1). C'est détestable,
comme ce qu'on écrit de commande, quand
on a envie de pleurer plus que d'écrire.

« Adieu ; mille tendres, durables et respectueux sentiments. »

Évidemment M. de Lamartine, dans ses
rapports avec Mlle Dephine Gay, a été absolument irréprochable. Ses intentions étaient
aussi pures que son cœur était loyal. A plusieurs époques de sa vie, il a pris soin de
prémunir ses amis contre toute interprétation
inexacte de son attachement pour elle. C'est
pour cela qu'il mettait pour ainsi dire la sour-
dine à son admiration, et qu'il se maintenait
dans une réserve de bonne compagnie, con-
forme en tout point à ses habitudes d'homme
d'honneur et d'homme comme il faut. Sa

____

(1) Discours de réception de l'Académie.

correspondance justifie pleinement ce qu'il a dit dans son *Cours familier de littérature* : « Elle m'avait laissé une gracieuse et sublime impression. C'était de la poésie, mais point d'amour, comme on a voulu plus tard interpréter en passion mon attachement pour elle. Je l'ai aimée jusqu'au tombeau, sans jamais songer qu'elle était femme; je l'avais vue déesse à Terni. »

Au surplus, ce n'était pas à l'amour que s'attachaient désormais les pensées et les rêves du poète. Là n'était plus son idéal. Tout en regrettant des émotions dont personne plus que lui n'avait compris l'ivresse, il croyait que certaines lumières ne survivent pas à l'aurore de la vie. Au moment où il aurait pu exercer encore tant de séductions, où son visage était si beau, son âme si jeune, son imagination si vive, il avait quitté le rôle d'amoureux. Soit par fidélité conjugale, soit par sentiments religieux, soit par la certitude de ne point rencontrer de cœur à la hauteur du sien, il s'était volontairement privé de joies qui ne sont pas sans amertume, et d'espérances qui se changent toujours en déceptions. Sans doute il devait lui arriver d'avoir par intervalles ce qu'on pourrait appeler la nostalgie de l'amour. Mais ce n'étaient là que des tentations passagères, des rêves moins vite formés qu'évanouis. Il y avait alors en lui une pensée générale de recueillement, de regret et de sacrifice, qui lui a inspiré son chef-d'œuvre : *Jocelyn*. Mieux fait pour admirer que pour aimer, il s'était habitué à vivre par l'imagination plus que par le cœur, par le cœur plus que par les sens. L'amant d'Elvire avait, croyons-nous, sincèrement renoncé à l'amour. Comme beaucoup de grandes natures, il s'était convaincu que ce sentiment ne convient pas à la terre, parce qu'il est au-dessus de notre triste humanité.

C'est le 1ᵉʳ juin 1831 que Mˡˡᵉ Delphine Gay épousa M. Émile de Girardin. Elle avait alors vingt-sept ans. Elle était dans tout l'éclat de sa beauté, dans tout le prestige de sa réputation. Théophile Gautier a décrit l'im-

pression enthousiaste que sa vue seule produisit sur un public de poètes, de sculpteurs
et de peintres, lorsqu'elle apparut dans sa
loge aux Français, lors de la première représentation d'*Hernani*, le 20 février 1830.

Quand on aperçut sa tête inspirée, ses yeux
remplis d'éclairs, ses magnifiques cheveux
blonds noués sur le sommet de la tête en une
large boucle, sa robe blanche, son écharpe
bleue rendue célèbre par le portrait d'Hersent,
une triple salve de bravos éclata. Heureuse
époque où la foule, passionnée pour la nature
et pour l'art, applaudissait ainsi le talent et
la beauté! Dès que la jeune fille se montrait
dans les théâtres, dans les fêtes, dans les Académies, un murmure d'admiration s'élevait
sur ses pas. « Les jeunes hommes exaltaient
ses charmes, les vieillards la plaignaient
d'une célébrité funeste au bonheur (1). » Elle
et sa mère, — cette femme si intelligente qui,
suivant l'expression de M. de Lamartine,
avait assez de flamme pour illuminer seule

______

(1) LAMARTINE, *Cours familier de littérature.*

dix salons, et donner de l'âme à tout ce qui l'approchait, — elles avaient fait, pour ainsi dire, un petit sanctuaire de leur modeste entresol de la rue de Choiseul. Leur salon était tout littéraire. « La noblesse de naissance n'y figurait que pour s'ennoblir par la fréquentation de la noblesse de nature... C'était le salon de l'amitié plus que de la célébrité ou de la puissance. On y aimait, parce qu'on se sentait aimé... Il y régnait cette liberté complète qui ne connaît de joug que la bienséance, que cette égalité affectueuse qui est la république du talent. La mère et la fille étaient pauvres; mais le salon d'entresol était agrandi par les hôtes, meublé par les décorations de la nature (1). »

On se demandait qui aurait l'honneur d'épouser cette belle Delphine, que des courtisans du roi Charles X avaient songé à unir au vieux monarque, comme une Maintenon jeune, par un mariage morganatique; mais elle ne connut jamais cette conspiration de

---

1) LAMARTINE, *Cours familier de littérature.*

cour, fondée sur ses charmes. M. de Lamartine, alors en congé à Paris, vit un jour, dans l'entresol de la rue de Choiseul, derrière le fauteuil de Mlle Gay, « un jeune homme de petite taille, et de charmante figure, qui semblait à peine sortir de l'adolescence. Il parlait peu, on ne le nommait pas; il semblait vivre dans une intime familiarité avec ces deux dames, comme un frère ou un parent arrivé de quelque voyage lointain, et qui reprenait naturellement sa place dans la maison. Ce jeune homme avait les yeux sans cesse attachés sur Delphine ; il lui parlait bas; elle détournait négligemment son beau visage pour lui répondre et pour lui sourire par-dessus le dossier de sa chaise. »

M. de Lamartine demanda à madame Gay quel était ce jeune inconnu, dont la physionomie, forte et fine, inspirait une attention et une curiosité involontaires. Mme Gay répondit que c'était M. Émile de Girardin, et, comme elle consultait M. de Lamartine sur de vagues idées de mariage, il lui dit que « le jeune homme avait une de ces physionomies qui percent les ténèbres et qui domptent les hasards, et que, dans le pays de l'intelligence, la plus riche dot était la jeunesse, l'amour et le talent ».

Ce n'était pas une médiocre audace d'unir sa destinée à celle d'une femme aussi célèbre. « La gloire attire les yeux, mais fait peur au sentiment; à moins d'être très inférieur et d'accepter humblement son infériorité, ou à moins d'être très supérieur et de ne craindre aucune éclipse, on redoute d'épouser ces grandes artistes qui introduisent la publicité dont elles rayonnent dans le ménage qui ne veut que le demi-jour. » Il a fallu un grand mérite au mari d'une telle femme pour être autre chose qu'un prince-époux. Ce mérite, M. de Girardin le possédait. M. de Lamartine, qui le lui reconnaissait, ne tarda point à s'attacher à lui, et il témoigna au mari, comme à la femme, une sincère amitié dont nous trouvons la trace dans la lettre suivante, qu'il écrivait à la jeune mariée, cinq mois après son union avec M. de Girardin :

« Saint-Point, 3 novembre 1831.

« Je vous donne toutes les permissions possibles pour l'insertion des vers (1), si vous les trouvez dignes du grand et pur nom auquel ils sont adressés. Je n'en ai pas fait depuis un an et plus. Je m'y remets aujourd'hui même. M. Suë, qui est ici, paraît enchanté du prologue de mon poemetto (*Jocelyn*). J'espère que ce sera un morceau original et digne de nos soirées de la rue de Choiseul, si notre bonne fortune nous les rend un jour.

« Vous avez donc été malade? Je croyais que c'était mieux qu'une maladie et que vous nous promettiez une œuvre belle et poétique de plus. N'en est-il rien? Je ne parle pas du *Lorgnon*, car son nom est venu jusqu'ici; je parle d'une œuvre comme *Julia* (la fille de M. de Lamartine). J'attends néanmoins le *Lorgnon* avec empressement, ainsi que le

---

(1) C'est la pièce qui commence par ce vers :

« Celui qui voit briller ces Alpes d'où l'aurore... »

Elle figure dans les *Harmonies poétiques et religieuses*.

roman nouveau de Mme Gay. Quand tout cela paraîtra-il? Vous avez reçu ma lettre politique. Mais ce n'est rien; la politique, il ne faut jamais l'écrire, il faut la faire en chair et en os; vous savez que je m'en suis toujours senti très capable, et je n'en suis pas plus fier; car il ne faut pour cela que deux qualités vulgaires : justesse d'esprit et vigueur de caractère. Qui est-ce qui n'a pas plus que cela? Mais j'y renonce, faute d'électeurs, et je me jette pour le reste de mes jours dans l'inertie, dans la poésie et dans la philosophie, trois choses qui s'accordent bien entre elles. Nous n'attendons, M. Suë et moi, que la fin de la peste et du choléra pour voguer vers le Levant. Il ne paraît pas que les communications soient rétablies avant le printemps ou l'été; en attendant, nous resterons ici. Arrangez-vous donc pour venir nous y voir une fois tous les trois ou tous les quatre. Nous y menons une vie pareille, je pense, à votre vie solitaire à Villiers-sur-Orge. Voici les premiers sentiments d'automne qui sont tout poétiques, et qui concentrent l'imagination dans le cœur

et les yeux sur le foyer, saison propice aux
poètes; profitons-en l'un et l'autre.

« Êtes-vous heuréuse? Je ne dis pas par
M. de Girardin. Je le connais, et il vous aime;
mais par les circonstances extérieures? Voyez-
vous clair dans votre avenir et dans le sien?
La littérature se ranimera-t-elle avec la paix,
comme le tissage des cotons? et pourra-t-on
établir une fortune sur la base de la presse
poétique ou périodique? Parlez-nous souvent
de vous trois, vous ne saurez jamais tout l'intérêt que j'y prends. Envoyez-moi quelques
bribes de vers de vous ou quelques pages du
roman de votre mère pour me ranimer un
peu. Pourquoi sommes-nous si loin? Je ne lis
rien que de méchants journaux·le soir, au
coin du feu, à moitié assoupi après mes la-
borieuses journées de cheval ou de piéton. Il
me faudrait quelques heures par semaine de
vos douces conversations.

« Parlez beaucoup de moi à votre mère.
On ne retrouve nulle part sa sève piquante,
juste, gracieuse et intarissable d'esprit. Elle
devrait, à mon avis, l'écrire sans forme, heure

par heure, l'écrire sous le nom de conversation ou de monologue d'une femme du
monde, ce serait un livre charmant, fait par
elle et lu par nous.

« Adieu ; soyez un million de fois heureuse
et toujours poète ! »

Cette lettre est curieuse, parce qu'elle commence à révéler la lutte qui doit s'engager
dans le cœur et dans l'esprit de M. de Lamartine entre l'amour du repos et la soif de
l'action, entre le poète et l'homme politique.
Sans doute il était sincère lorsqu'il écrivait :
« Je me rejette pour le reste de mes jours
dans l'inertie, dans la poésie et dans la philosophie. » Mais il ne pouvait pas tenir la promesse qu'il se faisait ainsi à lui-même. Après
la révolution de 1830, il avait envoyé à Louis-
Philippe sa démission de secrétaire d'ambassade, et ce prince, en la lisant au conseil des
ministres, avait dit : « Voilà enfin une démission donnée d'une manière honorable,
digne et délicate. » Cette résolution était d'autant plus méritoire que M. de Lamartine ne

se faisait aucune illusion sur les chances de
retour de la branche aînée. Il écrivait à M. de
Virieu, le 19 novembre 1830 :

« Pour des sacrifices autres que de convenance aux royalistes, je n'en ferai pas. Je ne
puis pas me mentir à moi-même. Je suis convaincu qu'ils ont librement, gaiement et volontairement, perdu la France et l'Europe, et
que le bon Dieu la leur remît-il dix fois dans
la main, dix fois et mille fois ils la reper-
dront. » Et le 7 février 1831 : « Oh! que les
Bourbons avaient un beau rôle! Oh! que la
Restauration, bien comprise par eux, était un
beau rêve! Ils étaient la planche du vaisseau
pour passer de la mer au rivage, le pont sur
l'abîme pour descendre du passé à l'avenir.
Ils ont préféré le faire sauter et nous précipiter avec eux. Que la paix soit avec eux, avec
leur erreur et leurs regrets! Mais l'amertume
est dans mon cœur quand je contemple où
ils étaient et où ils pouvaient, sans secousse,
guider la civilisation moderne. Elle prendra
d'autres guides, il n'y a pas de doute; elle ne

peut pas revenir à ceux qui lui ont prouvé trois fois qu'ils étaient aveugles de naissance. Je le déplore, car je les aime comme les rois et les pères de nos pères, comme ceux à qui nos pensées et notre sang étaient dévoués depuis le berceau ; mais ma conviction douloureuse de leur faute irrémédiable envers nous, envers eux, envers l'avenir surtout, n'en est pas moins profonde pour en être pénible et amère. »

On le voit, les attaches de M. de Lamartine avec la cause légitimiste n'étaient plus très solides, et ne l'empêchaient pas de se jeter, s'il le voulait, dans l'arène politique. Il ne devait s'y laisser entraîner qu'après bien des velléités contradictoires ! Il avait écrit au comte de Virieu, le 19 novembre 1830 :

« Je suis décidé à n'être plus jamais d'aucun parti, et à vivre seul. Il est impossible de conserver bon sens ou vertu, si l'on y trempe. Les partis blancs, rouges ou bleus, ne sont que des passions, souviens-toi de ce mot, et des passions haineuses, honteuses et féroces,

exploitant en riant quelques sentiments généreux et nobles. Aussi je ne serai pas député;
je ne me mêlerai de rien que de soutenir,
tant que j'aurai voix et talent, le bon sens et
la vertu envers et contre tous. Voilà la position que je prends et qu'on peut garder au
coin du feu, si Dieu et les anarchistes nous
laissent au coin du feu. »

Quelques mois après, il était dans des dispositions absolument contraires. Plein d'ardeur pour la lutte, il écrivait au même M. de
Virieu, le 7 février 1831 :

« La neutralité quand le monde moral tout
entier et le monde immoral sont sous les
armes, quand on va livrer les plus grandes
batailles intellectuelles dont jamais ait dé-
pendu le sort des générations nées et à naître!
La neutralité sans prétexte et sans raison d'un
goût ou d'un dégoût, d'un penchant ou d'une
répugnance à une couleur ou à un nom, je te
le dis net et cru, une telle neutralité est, à
mes yeux, un crime envers soi-même, une
blessure inguérissable à sa conscience. »

Lui qui avait dit, si peu de temps auparavant : « Je ne serai pas député », il briguait, en mai 1831, les suffrages de l'arrondissement de Dunkerque. Cependant, son ambition était encore indécise. « Je me repens presque déjà de mes tentatives électorales, écrivait-il le 18 juin, à Dunkerque, sur le terrain de la lutte; je vois avec terreur ma liberté perdue et le climat du pays sur ma tête. Aussi, toutes les démarches faites, si j'échoue, je me frotterai les mains et je remercierai Dieu; si je réussis, je le prierai soir et matin de me prêter lumière et force. » Il échoua, tout en ayant un nombre de voix considérable. Il se crut dégoûté de la vie politique, mais il se trompait.

Libre aux esprits superficiels de sourire en voyant de pareilles contradictions. Quiconque réfléchit les comprend. La vie n'est-elle pas un combat, et les pensées des plus grands hommes, que dis-je? des saints eux-mêmes, ne sont-elles pas perpétuellement en lutte les unes contre les autres? Otez à M. de Lamartine ses variations, vous lui ôteriez son génie.. Il ne serait plus lui-même s'il ne passait pas de l'enthousiame au découragement, de l'ambition au désenchantement de toutes choses, du majeur au mineur, de l'allegro à l'andante. Sa versatilité, c'est son charme. Ses inconséquences sont la source où se retrempe son imagination. Sans doute, il y a des moments où son cœur est « lassé de tout, même de l'espérance », où il redit avec conviction ces vers de sa première jeunesse :

> Quand le tour du soleil ou commence ou s'achève,
> D'un œil indifférent je le suis dans son cours,
> En un ciel sombre ou pur qu'il se couche ou se lève,
> Qu'importe le soleil? Je n'attends rien des jours.
> Quand je pourrais le suivre en sa vaste carrière,
> Mes yeux verraient partout le vide et les déserts,
> Je ne désire rien de tout ce qu'il éclaire,
> Je ne demande rien à l'immense univers.

Il y a des heures où il ne rêve que l'ombre, la retraite, le silence, et d'autres où, fougueux athlète, il aspire à tous les combats et à toutes les couronnes. L'âme des poètes ressemble au ciel; elle en a les beautés et la mobilité. Tantôt c'est le soleil dans le chaud éclat du plein midi; tantôt c'est une nuit radieuse, étoilée; plus souvent c'est une suite de nuages fantastiques comme les rêves de l'imagination, changeants comme les caprices de la pensée. Souvent aussi, c'est le temps gris et terne, sans clartés, sans orages, sans pluie, temps d'incertitude et de tristesse qui ressemble à ces moments de la vie où l'on voudrait pleurer et où on ne le peut pas. Il n'y a que les esprits bornés, les cœurs secs, les natures incomplètes qui n'ont pas de contradictions. Les imaginations fécondes sont variables, variables comme les saisons, variables comme les destinées, variables comme la nature, comme le firmament.

Après la révolution de 1830, M. de Lamartine vivait retiré à la campagne, ruminant, à part lui, « les sottises de tous les partis, les afflictions du présent, les terreurs de l'avenir, le ridicule et la vanité de tout (1) », jetant sur les hommes et les choses un regard mélancolique, écrivant,

(1) Lettre à M. de Virieu, 30 janvier 1831.

dans un accès de découragement : « Plus
nous avançons, moins la vie a d'espérances
éloignées et plus elle a de pertes journalières.
C'est pour nous préparer à la laisser, au
jour de miséricorde, avec moins de tristesse
et de regrets... Je n'ai le cœur de parler ni
philosophie, ni politique, ni poésie, en présence de la mort qui rend toutes choses
muettes ou pitoyables (1) ». A ce moment,
l'ambition politique semblait s'éteindre en
lui. Il ne songeait qu'à son prochain voyage
en Orient. Il écrivait à M. de Virieu, le
13 mars 1832 :

« Mon parti de voyage, à Constantinople
au moins, est pris pour juin et juillet. Je ne
me mettrai pas sur les rangs pour la députa-
tion, malgré mille instances, car je suis trop
malade et redoute trop l'action politique qui
absorberait ma vie poétique. Je protesterai
même contre mon élection; si malgré cela le
pays m'envoie, j'irai à mon cœur défendant;

----

(1) Lettre à M. de Virieu, 23 janvier 1832.

mais j'irai avec confiance et courage, et sentant que je fais bien dans toute l'étendue du mot. »

Il s'embarqua au mois de juillet 1832 sur un navire frété par lui, avec sa femme, sa fille, plusieurs amis, un capitaine, un second et quatorze matelots. Avant de quitter la France, il s'était exprimé ainsi dans une lettre adressée à M. Ronot, le 20 juin, et datée de Marseille, le port d'embarquement :

« Je vais chercher des impressions toutes personnelles sur ce grand théâtre de tous les événements religieux et politiques du monde ancien; j'y vais lire, avant de mourir, les plus belles pages de la création matérielle... Pendant ce temps-là, mes yeux seront souvent tournés vers notre triste pays où se dénoue le grand drame du monde moderne, et où je laisse tant d'objets d'une forte affection. Je ferai des vœux pour que la France, si pleine de bonnes intentions et même d'énergie, sorte enfin du cercle étroit des partis et des rancunes politiques pour s'élever à la haute

et large sphère à laquelle les destinées qu'elle
n'entend pas semblent l'appeler. Mais la lumière lui manque encore; il ne faut pas se
lasser de lui en donner; il faut lui faire comprendre enfin qu'un peuple ne fera jamais
rien de grand et de beau s'il s'obstine à
repousser de ses conseils ce qui est religieux,
élevé, moral, généreux et intelligent, en un
mot, la jeune génération politique dont le
crime est d'avoir eu vingt ans quand la Restauration est venue apporter à la France les
promesses et l'aurore de la liberté légale.
Nous l'avons répété souvent, et chaque circonstance le prouve, la France est en retard
de ses institutions; elle a toutes les lois d'un
peuple éclairé et libre, et les trois quarts de
ses habitants n'aiment pas la lumière et ne
comprennent pas la grande liberté. Croyons
donc à l'avenir, puisque le présent nous
trompe comme le passé! »

Ce voyage d'Orient, commencé par les ovations que M. de Lamartine recevait à Marseille, et qui le saluaient sur tout le parcours

de sa route, devait finir de la manière la plus douloureuse. A Beyrouth, l'illustre voyageur perdait, en décembre 1832, sa fille chérie, son ange, sa belle Julia. « Ma vie me semble finie, écrivait-il, finie en ce qui concerne ce triste monde. Je ne sais à quoi, ni pourquoi, ni pour qui l'employer; je vis comme une brute (1). » — « Sans mon vieux père, je serais resté en Syrie ou en Égypte indéfiniment... Je n'ai aucune nouvelle de France et aucuns journaux depuis quatre-vingt-dix jours. Je ne sais où en est l'Europe et ne le saurai qu'à Vienne. La politique m'importe moins de jour en jour; il y a longtemps que tu me vois marcher du mépris à l'indifférence. La question n'est plus là. Je prie Dieu de ne pas m'y jeter, et de permettre que je ne sois pas forcé, par honneur et égard, de représenter des hommes dont je ne représente réellement plus les opinions. S'il me reste quelque intérêt dans ce bas monde, il est tout philosophique et religieux, mais dans un sens plus

____

(1) Lettre à M. de Virieu. Beyrouth, 8 janvier 1832.

élevé que je ne l'ai compris jusqu'ici (1). »

Eh bien, à ce moment de sa vie où il était « anéanti au moral et au physique », où il ne désirait « que silence et ténèbres », M. de Lamartine n'oublia pas Mme de Girardin. Il venait d'arriver à Saint-Point, et de placer de ses propres mains sur le cercueil de sa mère le cercueil de sa fille. Au milieu de pareilles angoisses, il sentait que Mme de Girardin le plaindrait du fond du cœur, et il écrivit la lettre suivante :

« Au château de Monceaux, 5 novembre 1833.

« Hélas! non, je n'ai point à m'excuser : l'affreux malheur m'excuse. Je n'ai écrit un mot à personne. Qu'aurais-je dit? Qu'y a-t-il à dire? A courber la tête sous la Providence, à gémir, à se cacher et à se taire. C'est l'instinct de toute douleur sans espoir; c'est le mien. De plus, je n'avais rien reçu de vous, et c'est à Marseille seulement, l'autre jour, qu'on

---

(1) Lettre à M. de Virieu. Semlin sur le Danube, 5 septembre 1833.

m'a remis vos deux premières lettres, avec un paquet arriéré de soixante autres. En revenant ici, je trouve la troisième.

« Je n'ai été ni à Paris, ni près de Paris; je suis arrivé ici nuitamment comme un misérable. J'y ai déposé Mme de Lamartine dans ce qui nous reste de famille, et j'ai été chercher, moi seul, à Marseille, mes précieuses et chères reliques. Jugez de mon voyage ! Hélas ! c'est hier que je suis allé les porter à Saint-Point et les déposer de mes propres mains sur le cercueil de ma mère, qui aimait tant cette enfant. Le soir, je suis revenu joindre Mme de Lamartine ici; elle ignorait le but de mon voyage et le motif vrai de mon absence. Je ne le lui ai appris que ce matin. Dans une vie depuis un an semée de telles scènes, quelle place reste-t-il au bonheur ? Mais il en reste, il s'en fait même une plus grande à l'amitié : nous cherchons au dehors ce qui nous manque autour de nous. Que je plains madame votre sœur, et que je désire que vous n'appreniez jamais le malheur par vous-même !

« Je suis très souffrant, dans une impuissance de facultés totale, anéanti, perdu; j'ai vécu. Je ne désire que repos et silence, et malheureusement il faut peut-être que j'aille m'asseoir sur un banc politique quelques mois (1). Ma consolation, si j'en suis réduit là, sera de revoir vous et ce peu d'excellents amis que la mort nous a pu laisser dans ce monde. En attendant, croyez à des sentiments qui ne disent rien, mais qui répondent dans mon cœur à tous les vôtres, et écrivez-nous quoique je puisse à peine tenir une plume. Parlez de moi à M. de Girardin et à votre aimable mère, dont je trouve deux volumes sur ma table. Je lirai quand je pourrai lire. A présent, je ne puis rien. Adieu, adieu, adieu! »

Cette lettre ne montre-t-elle pas M. de Lamartine dans toute la tendresse et dans toute la bonté de son âme? Et voilà pourtant l'homme que ceux qui ne le connais-

---

(1) M. de Lamartine, pendant son voyage en Orient, qui dura seize mois, avait été nommé député par l'arrondissement de Dunkerque.

saient pas accusèrent d'indifférence, d'insensibilité, d'égoïsme ! Égoïste ! lui, qui a éprouvé toutes les affections saintes : piété filiale, amour paternel, dévouement conjugal, amitié ! Égoïste, lui !... Demandez aux ombres de sa mère, de sa fille, de sa femme ! Demandez à cette nièce chérie, à cette femme d'élite qui lui a fermé les yeux, et qui lui a mis sur la poitrine, dans son cercueil, le crucifix d'Elvire ! Demandez aux amis fidèles qui ont entouré de soins affectueux sa glorieuse vieillesse, au vicomte de la Guéronnière, à M. Émile Ollivier, à M. Cintrat, au général Callier ! Demandez à ces paysans de Bourgogne dont il fut le bienfaiteur, qui, descendus en foule des coteaux couverts de neige, sont venus à Saint-Point lui rendre les derniers devoirs, et qui ont répondu à la voix du prêtre par leurs sanglots ! Égoïste, lui, qui a poussé la générosité jusqu'à l'imprévoyance, jusqu'à l'excès, jusqu'à la ruine ; lui, dont la main gauche ne savait pas ce que donnait la main droite ; lui, qui a séché tant de larmes, adouci tant de misères ! Égoïste, lui, qui ne se serait point pardonné un moment de rancune, d'envie et de colère ; lui, dont l'âme était comme « un feu qui brûle et qui parfume ce qu'on jette pour le ternir » ; lui, qui écrivait : « Ah ! que l'Évangile a raison de prêcher patience, indulgence et tolérance pour nous comme pour les autres ! La passion du bien, quand elle est dépourvue de cette douceur et charité divine, nous fait mal comme une passion du mal. » Égoïste, lui, dont on lit, dont on médite les œuvres, même au sein des plus grandes douleurs, parce qu'il y avait dans son âme des trésors d'apaisement et de miséricorde ; lui, dont M. de Laprade a dit avec raison qu'au niveau de la beauté de ses poèmes, l'avenir mettra leur pureté et leur bienfaisance ! Égoïste, lui, le poète des renoncements, des sacrifices, qui a changé les sanglots en prières, et les gémissements en cantiques ! Égoïste, lui, qui a plaint, qui a aimé, qui a charmé, qui a consolé l'humanité par la plus large et la plus noble sympathie, par le plus pur et le plus profond amour !

M. de Lamartine avait été nommé député

pendant son voyage en Orient. Après quelques hésitations, il accepta le mandat qui lui était confié, et, comme ses amis lui demandaient où il siégerait : « Au plafond », répondit-il, pour indiquer ce qu'il rêvait : une politique sublime. Rajeunir les anciens systèmes par des idées larges et fécondes, faire passer les théories humanitaires dans le domaine pratique, substituer à l'esprit de parti les pensées civilisatrices, tel était l'idéal qu'il se proposait. Ne relevant que de sa conscience et de son inspiration, il formait à lui seul un parti. Il n'était ni légitimiste, ni orléaniste, ni républicain; il était M. de Lamartine. Sa vie se partage en deux courants. Poète, il publiait, en 1835, *Jocelyn;* en 1838, *la Chute d'un ange;* en 1839, les *Recueillements poétiques.* Homme politique, il prononçait dans chaque session des discours où l'on retrouvait toute la puissance de son imagination merveilleuse. Il avait à la fois et un trépied et une tribune. A la note élégiaque du chantre de la nature succédait le rythme cicéronien de l'orateur... Dans les vacances parlementaires, il revoyait avec émotion les plaines, les forêts, les montagnes :

Mais la nature est là qui t'invite et qui t'aime;
Plonge-toi dans son sein qu'elle t'ouvre toujours.
Quand tout change pour toi, la nature est la même,
Et le même soleil se lève tous les jours.

Pendant les sessions, il visait à la renommée d'un homme pratique. La poésie n'était plus, à ses yeux, qu'un accessoire, un passe-temps, comme celui du jeu et de la chasse. Alors il préférait à un beau paysage les couloirs de la Chambre ou le bureau d'un journal; les fluctuations de la vie politique succédaient au calme de ce lac que son génie avait immortalisé. Mais en vain cherchait-il à chasser le naturel, le naturel revenait toujours, et, chez lui, le naturel, c'était l'inspiration avec tous ses élans, l'imagination avec toutes ses splendeurs. Ce contraste entre des éléments opposés est l'originalité principale de sa correspondance. Mille préoccupations d'un ordre secondaire s'y révèlent. Tantôt il demande une réclame de journal, tantôt il parle des difficultés pécuniaires qui pèseront sur toute son existence. Mais le grand lyrique se réveille tout à coup. L'aigle reprend son essor et regarde en face le soleil. Dans les grisailles de la vie parlementaire apparaissent soudain de longues traînées d'une lumière éblouissante. Au milieu des détails familiers de lettres sans prétention aucune, on découvre des pensées d'une élévation prodigieuse, des restes de cette mélancolie angélique qui fut, aux années de sa jeunesse, le charme le plus exquis de l'âme du poète.

Sa correspondance avec Mme de Girardin était comme l'écho de voix diverses, parfois contradictoires. En lui écrivant, il songeait d'abord à l'excellente amie, mais il n'oubliait pas non plus la femme de l'influent journaliste, journaliste elle-même et journaliste de génie. M. de Girardin avait créé, en 1836, un grand organe politique, *la Presse*, « puissance d'opinion qui comptait avec les puissances de fait (1) », et, peu après, sa femme y publiait, sous le pseudonyme du vicomte de Launay,

____

(1) LAMARTINE, *Cours familier de littérature.*

les fameuses *Lettres parisiennes*, dont l'inimitable perfection est le modèle de tous les chroniqueurs.

M. de Lamartine écrivait à Mme de Girardin des lettres qui attestaient la double influence du mari et de la femme :

> « Mâcon, 7 novembre 1837.

« Un service! un service d'amie! Il faut que vous m'obteniez dans *la Presse* l'insertion de dix lignes, sans lesquelles je répondrais mal aux sentiments des électeurs de Dunkerque. Il ne faut pas blesser des amis politiques qui nous ont adopté et caressé quatre ans. Je veux leur ménager une transition pénible pour eux et pour moi. Vous seriez-vous doutée que le cœur avait son jeu même en élection? Eh bien, oui, mon abdication de Dunkerque est pour moi une affaire de cœur (1).

« J'ai eu de vos nouvelles par le chevalier ou vicomte de Launay, qui enchante ici tout

---

(1) M. de Lamartine, nommé plusieurs fois député aux élections de 1837, opta pour Mâcon.

le monde pendant qu'il s'ennuie à Paris, et par madame votre mère qui m'a écrit de Versailles où je devais aller la voir. Une épidémie de fièvre pernicieuse, qui a régné à Saint-Point six semaines, et nous a enlevé une jeune et adorable femme de chambre anglaise, m'a retenu. Je ne suis allé à aucune élection, et j'ai été nommé à trois ou quatre.

« Qu'on dise qu'il n'y a pas de bon sens en France, quand un pauvre homme comme moi, qui marche seul, qui vit en dehors des coteries, qui méprise les partis, qui ne se donne qu'à la raison et au pays, a trois élections dont deux impossibles et une unanime. Il ne faut jamais désespérer d'une idée quand elle est juste.

« Nous vous revenons bientôt, vers le 15 décembre; plus tôt, si je vois que les élections ont donné dans mon sens quelques éléments nouveaux qu'on puisse grouper pour s'asseoir ensemble près de la tribune. J'ai fait d'immenses progrès en *avocasserie*. J'ai improvisé une soixantaine de harangues aux conseils généraux et aux électeurs, vraiment dignes par le pathos sonore et le vide plein de mots des orateurs-avocats qui nous illustrent à la Chambre. Nous sommes des gens de bonne compagnie apprenant péniblement le patois.

« Adieu. Je fais en secret des vers par milliers depuis six semaines, entre quatre heures du matin et le jour. Si les électeurs le savaient!...

« Adieu encore. Je vous aime bien, et je crois que cela durera, car il y a longtemps, et je n'aperçois pas de déclin. »

La session terminée, M. de Lamartine retournait dans ses terres. L'homme d'État redevenait agriculteur (l'agriculture était une de ses principales prétentions), et il ne prêtait plus qu'une oreille assez distraite aux lointains échos des rumeurs de Paris. Reprenant avec calme son existence favorite, celle de gentilhomme campagnard, il se retrempait dans la solitude, le travail et la contemplation.

La lettre suivante indique très bien cet état de son âme :

« Monceaux, 16 juin 1838.

« Et d'abord merci d'un article charmant et profond de *la Presse* d'avant-hier. Voici un petit mot à son auteur inconnu, que je recommande à votre patronage, car il y a un reflet de votre amitié dans ce morceau.

« Quant aux lettres de Mme Malibran, je vous promets de les chercher ; mais j'ai cinq maisons et dix ou douze cabinets où s'enfouissent au hasard de leur arrivée mes lettres et papiers. Je suis en ce moment à Monceaux. Saint-Point est plein d'ouvriers. Je n'irai que dans dix jours. J'y chercherai toute une matinée pour vous, et, si je trouve, je vous enverrai.

« Votre lettre m'accuse à tort. Je vous ai moins vue par un sentiment que vous auriez compris à ma place. Il faut laisser à la main de Dieu ce qui serait blessé par la main des hommes. La solitude et la pensée vous rendront sérénité triste et courage ferme. C'est à ces deux points qu'il faut borner son ambition morale, quand on a vécu le tiers de sa vie.

« Le travail, qui est la loi suprême, vous soulagera aussi. Entreprenez, comme moi, quelque œuvre magnanime, bien qu'avec la certitude de ne rien mener à terme. Qu'importe le but, pourvu qu'on marche? Et le but n'est-il pas toujours là où la Providence vous arrête?

« Pour moi, je ne fais rien du tout que rester au lit, à côté d'une fenêtre, au soleil, trois lévriers sur mes pieds chauds et un livre quelconque dans ma main distraite. Puis déjeuner, monter à cheval, ressortir, effleurer des journaux. Voilà une délicieuse vie, pourvu que cela ne dure que quinze jours. J'en jouis très sensuellement. J'ai déposé le fardeau des cent mille pensées qu'on porte à Paris. Je me sens les épaules bien légères, et je me moque des critiques qui m'injurient de toutes parts. Dans quelque temps, je ferai des vers pour moi, puisqu'ils n'en veulent pas pour eux. Souvenez-vous de toute ma poétique : Être amoureux de son sujet, et songer à se plaire à soi-même.

« Une seule chose me tourmente, c'est

la gêne extrême dans laquelle sont mes finances. S'il me fallait vendre une terre, je me sentirais déraciné. Ce serait comme vendre mon père et ma mère et moi-même dans tout mon passé. Cela me rend triste quelquefois, et j'embrasse mes arbres pour qu'on ne nous sépare pas.

« Viendrez-vous nous voir, quand vous aurez appris par expérience de trois mois ce que c'est qu'une vie de paysanne des montagnes de Guéret?

« Adieu; et mes amitiés à votre mari. »

En 1840, la communauté de vues politiques fut d'accord avec l'amitié pour rapprocher M. de Lamartine de M. et Mme de Girardin. Tous ils faisaient de l'opposition au ministère de M. Thiers, et surtout à ses tendances belliqueuses. Après avoir attaqué le premier ministre dans sa *Lettre parisienne* du 31 juillet 1840, Mme de Girardin avait ajouté : « Dans une époque comme la nôtre, c'est un grand malheur que d'avoir une naissance noble, une tournure noble, des ma-

nières nobles. C'est le malheur de M. de
Lamartine. » Touché de l'éloge de sa belle
et spirituelle amie, il lui écrivit de Hyères la
lettre de remerciements suivante :

« Hyères, 10 août 1840.

« Je suis depuis longtemps si souffrant,
que je n'ose écrire à quelqu'un qui se porte
bien. Voilà l'excuse de mon silence. Or,
vous vous portez divinement. J'en juge par
votre dernier *courrier*, qui est un chef-d'œuvre de bon sens, de haute politique et de
grâce sévère de l'esprit. Nous l'avons lu, relu
et fait lire à tout le pays. On vous y adore.

« Merci du mot sur moi. Il est bien aimable. Mais il me fera des ennemis de tous les
bossus et de toutes les mauvaises tournures
ou physionomies de France. Ce n'est pas
politique. La démocratie là comme ailleurs!
Respect à elle!

« Nous voici donc à la guerre. Si ce n'est
pas aujourd'hui, ce sera demain, peu importe. Ne vous ai-je pas dit : La révolution
est faite le 1ᵉʳ mars? M. Thiers, c'est la

guerre ; M. Thiers, c'est la fin du monde. Il faut qu'il tombe ou que nous y restions tous. Pas de milieu.

« Votre mari combat à merveille depuis huit jours. Bon terrain, bonnes armes, bons coups. Il a grandi de toute l'importance de la cause. Nous sommes ravis. Les *Débats* ont fait le plongeon le plus bourbeux. Où diable ressortira-t-il? Je suis indigné.

« Je pars demain. Je vais à Saint-Point. J'écrirai de là deux jours après, dans le *Journal de Saône-et-Loire*, pour prétexte, deux ou trois articles tels que la France en tremblera, j'espère. Ceci entre nous, et avertissez Girardin que je les lui enverrai le jour même où ils s'imprimeront à Mâcon. S'il peut les insérer en un ou deux jours, ou trois jours de suite, nous sauverons le pays, comme cela se fait si souvent. J'ai griffonné cela hier ici. Je le recopierai à Mâcon, en l'abrégeant. Je crois que c'est mon chef-d'œuvre politique didactique. C'est évident d'un bout à l'autre. N'en dites rien avant qu'à Girardin.

« Point de vers cette année. Névralgie persévérante et affreuse. J'ai vu les Pyrénées et les mers en vain.

« A propos, on m'a reçu partout comme député et comme poète avec un enthousiasme de politesse et de bon augure inouï. L'autre jour, à Arles, à peine étais-je arrivé, le peuple se presse sur la place et m'appellé au balcon pour me faire discours et sérénades. En arrivant à Hyères, à l'improviste, même accueil deux heures après. Que serait-ce donc si vous voyagiez, vous poète, plus belle que la poésie même ?

« Mais adieu. Ceci passe mes forces. C'est la seule lettre écrite en deux mois. Mille regrets et affections à vous et autour. »

M. de Lamartine envoya l'article à M. de Girardin. En le lui annonçant, il lui écrivait, le 19 août 1840 :

« Je ferai comme vous me dites pour l'envoi de l'article. Vous l'aurez vingt-quatre heures avant tout le monde. Vous mettrez toujours un mot indiquant qu'il vient du

Journal de Saône-et-Loire, et qu'on me l'attribue d'autant plus légitimement que je me désigne de mille manières... Je pense comme vous sur la guerre. C'est l'ennemie de la liberté et de la démocratie, comme de l'humanité... Quel peuple de dupes volontaires que cette grande nation!..... Dites à Mme de Girardin que j'ai perdu en route, mais très réellement perdu, deux actes de ma tragédie. Il y a un mois que je les cherche en vain. Je n'ai plus d'espoir. Je suis désolé, car j'avais reçu le prix et j'ai à le rendre. Pour la gloriole ou les sifflets, peu importe. Tout est bien. Qu'elle n'en parle pas dans le journal. »

Revenu à Paris, en automne, M. de Lamartine prit une part brillante et active aux grands débats parlementaires de la fin de l'année 1840. Mme de Girardin, sous son pseudonyme de vicomte de Launay, célébrait l'orateur comme elle avait célébré le poète. Elle disait, dans sa *Lettre parisienne* du 5 décembre 1840 :

« On a remarqué que les jours où M. de

Lamartine et M. Berryer doivent parler, il y a dans chaque tribune trois rangs de femmes... M. de Lamartine a prononcé un beau discours d'homme d'État, et soudain messieurs les journalistes se sont mis à crier : Au poète! Est-ce que c'est bien spirituel d'appeler toujours un homme politique du nom de sa profession? Si l'on en faisait autant pour vous autres, Messieurs, que diriez-vous? Si, par exemple, au lieu de vous traiter en publicistes, on vous désignait aussi chacun par votre ancien métier; si, au lieu de dire : Le *Courrier français* croit que l'Europe nous a offensés, on disait : M. Léon Faucher, précepteur des enfants de M. Dailly, croit que l'Europe nous a offensés; si, au lieu de dire : Le *National* accuse l'empereur de Russie de vouloir envahir le monde, on disait : Les marchands de bois du *National* accusent l'empereur de Russie de vouloir envahir le monde; si, au lieu de dire : Le *Constitutionnel* conseille à M. le prince de Metternich, etc., etc., on disait : Les bonnetiers du *Constitutionnel* conseillent à M. de Metternich, etc., est-ce

que vous trouveriez cela de bon goût? Non,
sans doute. Eh bien, alors, pourquoi repro-
chez-vous toujours, tous les matins, à M. de
Lamartine d'être un poète, et pourquoi ne
voulez-vous pas absolument qu'un poète fasse
de la bonne politique, puisque vous en faites
bien, vous autres, de la politique, vous qui
êtes des marchands de bois retirés, des bonnetiers découragés, des apothicaires désenchantés! Vous a-t-on jamais contesté le droit
de renverser les ministères et de bouleverser
l'Europe? Pourquoi donc alors refusez-vous
le droit de discuter les questions d'État à un
grand poète, c'est-à-dire à un homme dont le
métier est de sonder les cœurs, d'étudier l'histoire, d'éclairer les peuples, de juger les rois
et d'interroger Dieu? »

L'éloquence si large, si grandiose de M. de
Lamartine avait le plus grand attrait pour
une nature aussi élevée que celle de Mme de
Girardin. Dans l'antiquité, poète et prophète
ne faisaient qu'un. On les désignait l'un et
l'autre par le même nom : *vates*. L'intuition

de l'avenir est un des signes caratéristiques du génie de M. de Lamartine orateur. Dans le discours qu'il prononça à la tribune de la Chambre des députés, le 21 janvier 1841, il prédisait la Commune de 1871. Il montrait du doigt « les ruines de Paris bloqué et livré bientôt, par la nature même des circonstances, aux factions les plus désespérées, les plus violentes du pays. » Et il ajoutait : « L'imagination s'effraye de sonder cet abîme ; ce serait la Convention assiégée, la Terreur sur la brèche. »

La même année, un autre poète, Henri Heine, dans une lettre adressée à *la Gazette d'Augsbourg*, le 19 décembre 1841, prédisait dans les termes suivants, non seulement le règne de la Commune, mais le renversement de la colonne Vendôme :

« Déjà une fois les orages ont arraché du faîte de la colonne le chapiteau, l'homme de fer qui pose sur son fût, et, en cas que les communistes parvinssent au gouvernement, le même accident pourrait lui arriver une seconde fois, et même la rage d'égalité radicale serait capable de renverser toute la colonne, afin que ce monument et symbole de la gloire fût entièrement rasé de la terre (1). »

Comme M. de Lamartine, Mme de Girardin attaquait très vivement le projet de loi sur les fortifications de Paris. Pour elle, « Paris fortifié, c'était Paris bêtifié ». Elle qualifiait la loi de « loi terrible, mortelle, antinationale, antilibérale, anticonstitutionnelle (2) ». Au lendemain du discours prononcé par son illustre ami, elle écrivait dans son Courrier de *la Presse* :

« Nous venons de la Chambre des députés, où nous avons entendu M. de Lamartine, et son discours a produit sur nous une impression si profonde que nous ne pouvons plus penser à autre chose. Jamais le poète ne s'est montré plus orateur; jamais sa voix n'a paru plus sonore, son attitude plus fière, son regard

(1) Voir *Lutèce*, lettre XXXVII.
(2) *Lettre parisienne* du 20 février 1841.

plus noble, son accent plus passionné. Nous étions auprès d'un ancien député, homme fort spirituel, qui, avant le commencement de la séance, nous querellait un peu sur l'enthousiasme de nous et de nos amis pour M. de Lamartine. — Vous l'appelez, disait-il, votre premier orateur... — Eh bien? — Eh bien, je suis de votre avis, nous dit-il à la fin de la séance (1). »

Époque intéressante, qui avait ses défaillances, mais qui avait aussi sa grandeur, parce qu'un souffle littéraire, oratoire, politique, passait à travers la foule, fécondait les intelligences, stimulait les talents! Époque belle et curieuse que celle où l'on entendait à Notre-Dame le Père Lacordaire et le Père de Ravignan; à la Chambre, les Thiers, les Guizot, les Lamartine, les Berryer; dans les théâtres, Duprez, Lablache, Mario, Mlle Mars, Pauline Garcia, Mlle Rachel! On assistait à de *belles soirées de célébrités*, à celle, par exem-

____

(1) *Lettre parisienne*, 24 janvier 1841.

ple, que donnait Mme de Lamartine, et dont Mme de Girardin rendait compte ainsi dans sa *Lettre parisienne* du 6 mars 1841 :

« Plus on est obscur et plus on tient à faire partie de ces réunions merveilleuses. Jamais collection de supériorités ne fut plus complète. Jugez-en plutôt :

Grand orateur,	M. Guizot.
Grand poëte,	M. Victor Hugo.
Grand tragique,	M. Duprez.
Grand capitaine,	M. le maréchal Soult.
Grand peintre,	M. Horace Vernet.
Grande cantatrice,	Madame Damoreau.
Grand industriel,	M. Cunin-Gridaine.
Grand administrateur,	M. le comte A. de Girardin.
Grand agriculteur,	M. de Lamartine.
Grand romancier,	M. de Balzac.
Grand sculpteur,	M. David.
Grand artiste,	M. Artot.
Grand savant,	M. Charles Dupin.
Grande victime,	M. Andryane.

« Il y avait là aussi de grandes dames célèbres par leur esprit, leur instruction profonde, leur conversation brillante et gracieuse... Il y avait là, enfin, Mme de Lamartine. Elle a beau nous défendre aussi de parler d'elle, il nous est impossible de ne pas déclarer qu'elle était chez elle ce jour-là, de ne pas reconnaître avec tout le monde que c'est une femme supérieure, et l'une des plus spirituelles de notre temps et de notre pays. »

Mme de Girardin se sentait fière d'avoir sa place marquée dans cette vaillante pléiade. Elle en faisait l'aveu avec une noble franchise, bien préférable à la fausse modestie et au soi-disant dédain de la gloire, affichés d'une manière hypocrite par tant de personnages célèbres :

« Ah ! nous, s'écriait-elle dans son *Courrier* du 25 mars 1841, nous n'avons reçu qu'une bien pâle étincelle dans l'injuste partage de l'immortelle clarté; mais nous ne donnerions pas cette lueur, cette flamme tremblante, pour toute les splendeurs de la plus brillante fortune et du plus haut rang. Nous n'avons obtenu au banquet de la Renommée qu'une place bien modeste, mais nous ne trouvons pas que ce soit l'avoir payée trop cher que de l'avoir achetée par l'ironie des sots, par les ennuis de la pauvreté. »

Dans ce tournoi littéraire, dans cette grande mêlée des intelligences, Mme de Girardin apparaissait comme une sorte de Clorinde, le casque en tête, l'œil plein d'éclairs, aimable, généreuse, craignant, comme Jeanne d'Arc, de blesser un ennemi, elle dont la main pourrait être si meurtrière; femme dans la meilleure, dans la plus noble acception de ce mot; femme par la bonté, par le dévouement, par la tendresse; femme par la vivacité des impressions, par la sincérité des enthousiasmes, par le charme de la beauté intellectuelle unie à la beauté physique!

Qu'on se la figure, cette enchanteresse, dans son salon de la rue Laffitte, ce salon, tendu de reps vert-d'eau avec des bandes de velours vert plus foncé, qui fait bien ressortir l'éclat de son teint de blonde! Le matin, elle écrit, les cheveux flottant sur ses épaules, avec son large peignoir blanc, dans les plis duquel elle se drape tout naturellement, comme dans une chlamyde grecque. Le soir, elle a sa robe de velours noir qui laisse admirer ses épaules de neige, ses bras qu'aurait modelés Phidias.

Sa conversation est aussi variée que la nature. Elle attendrit et elle amuse, elle fascine, elle fait rire, elle fait sourire, elle fait pleurer. S'agit-il de défendre la réputation ou la gloire d'un ami? elle devient éloquente comme un Démosthène féminin. Elle qui est au-dessus de l'envie — cette passion mesquine, humiliante, indigne d'une âme comme la sienne — elle a, plus qu'aucune autre personne au monde, l'art de faire le succès d'une grande œuvre, de protéger un grand homme contre la coalition des jaloux et des sots. Alors elle se surpasse elle-même. Elle trouve d'inimitables accents. C'est un archange qui agite le glaive, c'est un saint Michel littéraire qui terrasse et qui foule aux pieds le démon de l'envie.

M. de Lamartine vivait dans ce salon comme dans un temple. On lui brûlait de l'encens, et il en brûlait lui-même. Il était là dans cette atmosphère de bienveillance et de sympathie si nécessaire aux écrivains et aux artistes. Il se réchauffait à cette flamme bienfaisante de l'admiration et de l'amitié qui fait éclore les chefs-d'œuvre. Ce n'est pas la critique, c'est la louange qui inspire.

Quoi de plus charmant, de plus varié, de plus neuf que les chroniques de la Sévigné du dix-neuvième siècle? Qui, plus que Mme de Girardin, a l'ironie et l'enthousiasme, l'horreur du laid, l'amour du beau? Qui a plus qu'elle le don de l'observation et de la critique, et une faculté bien plus précieuse, bien plus féconde : la faculté de l'admiration? Qui réalise mieux le précepte de Boileau :

Passer du grave au doux, du plaisant au sévère?

Chose étrange! ces causeries sans nulle prétention, ces actualités écrites au courant de la plume, sur l'événement du matin, sur la nouvelle, sur la mode, sur le caprice du jour, non seulement elles n'ont pas vieilli, mais en les relisant aujourd'hui l'on se sent rajeunir.

5

Que de cœur ne fallait-il pas à une femme
qui avait tant d'esprit pour n'être pas méchante, pour ne pas trop ressembler à l'une
de ses héroïnes de roman poétique, cette
Napoline dont elle a dit :

> . . . . Elle cause, elle rit,
> Comme une femme heureuse; elle fait de l'esprit;
> Elle jette des mots piquants : chacun l'écoute;
> Elle est un peu moqueuse et méchante, sans doute;
> Son esprit excité venge son cœur souffrant :
> Le mal que l'un reçoit, c'est l'autre qui le rend.

Que de charité pour adoucir les traits de
cette éloquence, pour amortir les sarcasmes
de cette verve, pour effleurer, en se jouant,
des ridicules qu'on pourrait écraser sous des
coups de massue! A coté de tant de réflexions
fines et ingénieuses, combien de ces pensées
dont parle Vauvenargues, de ces grandes
pensées qui viennent du cœur! Combien de
vérités profondes qui, pour prendre parfois
la forme de paradoxes, n'en sont que plus
saisissantes! Que de portraits qu'aurait pu
signer un Saint-Simon, un Labruyère! Et
comme tout cela est de bonne compagnie!

Comme c'est en femme du monde qu'elle parle du monde! Comme elle le connaît, et, tout en observant ses travers, ses petitesses et ses cruautés, comme elle s'y intéresse, comme elle l'aime! Comme elle comprend, comme elle sait rendre la magie d'un spectacle, l'éclat, le tourbillon d'une fête! Ses causeries sont une succession de décors éblouissants que son imagination merveilleuse évoque de minute en minute comme dans une féerie. Lire Mme de Girardin est un charme. Quelle joie était-ce donc de l'approcher, de la voir, de l'entendre, elle qui savait si bien parler, et, chose non moins rare, si bien causer et si bien écouter; de lui donner la réplique à elle qui avait tant d'esprit qu'elle en donnait aux autres; à elle qui, à la différence des égoïstes de talent ou de génie, savait, dans la conversation, sortir d'elle-même pour vivre de la pensée et de la vie de ses interlocuteurs!

En 1841, Mme de Girardin avait trente-sept ans. Elle était à l'apogée de son talent, de sa beauté, de sa réputation. Ses chroniques faisaient le tour de Paris, de la France, de l'Europe. Elle distribuait la renommée. Les artistes et les écrivains la saluaient comme une souveraine.

M. de Lamartine qui la voyait sans cesse, en fut-il alors amoureux, comme certaines personnes se sont plu à le dire? Nous ne le croyons pas. Mais il nous semble cependant, a lire sa correspondance de cette époque, que, tout en ne sortant pas des limites de la réserve, du respect, du devoir, il eut quelques moments, sinon d'amour, du moins d'attendrissement. Arrivé à cette période d'existence où, suivant les expressions de Bossuet, « les jardins sont moins fleuris, les couleurs moins vives, les prairies moins riantes, les eaux moins claires », il avait peut-être encore sinon l'aspiration, du moins le regret de l'amour. Dès 1827, il écrivait : « J'ai la mélancolie de la première jeunesse, et je n'ai plus cette vague espérance qui vous aide à la supporter; je suis les tristes phases de l'existence qui vont toujours en se rembrunissant; cependant je pourrais encore être amoureux, si je

voulais, mais je le puis et ne le veux pas :
c'est peut-être pire que de le vouloir et de ne
pas le pouvoir (1). » Sans doute, il se rappelait
vaguement, en 1841, les beaux vers des *Me-
ditations* :

> D'ici je vois la vie, à travers un nuage,
> S'évanouir pour moi dans l'ombre du passé,
> L'amour seul est resté, comme une grande image
> Survit seule au réveil, dans un songe effacé.

Lui qui avait inspiré des admirations si
ardentes, peut-être se disait-il parfois, comme
Alfred de Musset :

> Être admiré n'est rien, l'affaire est d'être aimé.

Mais cet homme qu'on représente souvent
comme si infatué de lui-même, n'avait pas
les prétentions ridicules de tant de personnes
qui ont passé l'âge où l'on a le droit d'être
amoureux. Sa correspondance n'est pas celle
d'un Céladon qui croit que toutes les femmes
doivent se pâmer à son aspect. C'est celle
d'un sage qui jette sur les choses humaines

---

(1) Lettre à M. de Virieu, 6 juin 1827.

un regard non de découragement, mais de
tristesse, qui ne trouve pas dans l'ambition
un remède à sa mélancolie, et qui, tout en
apercevant à l'horizon je ne sais quelle destinée grandiose, orageuse, est tenté de se dire
à chaque instant : Pourquoi ? A quoi bon ?
Ce n'est pas cependant le ton d'un homme
qui se repose dans un lâche quiétisme et qui
contemple, du haut d'un rocher, comme un
ancien pilote, les barques agitées par les flots.
C'est le langage d'un penseur qui travaille,
qui agit, qui lutte encore, qui lutte toujours
pour le bien, pour le beau, pour le vrai,
mais sans attendre grand'chose de cette pauvre terre, « mal éclairée par la lune et mal
chauffée par le soleil. »

Dans la belle saison de 1841, M. de Lamartine se reposait à la campagne des agitations
et des fatigues de la session qui venait de
finir. Il se demandait dans sa retraite à quoi
bon tant de tumulte, tant de mesquines passions, tant de vulgaires vanités, et il lui
arrivait des heures de dédain et de dégoût

pour les scènes monotones de la comédie humaine. Parfois aussi il croyait voir sous les ombrages de Monceaux ou de Saint-Point apparaître la séduisante figure de Mme de Girardin. L'année 1841 est, pour ainsi dire, le point culminant de sa correspondance avec elle. Les lettres écrites à cette époque sont particulièrement intéressantes. Le lecteur va en juger :

« Monceaux, 17 mai 1841.

« Vous ne m'avez jamais donné une preuve d'amitié si vraie qu'en écrivant ces quatre pages pleines et quelques mots débordant en marge. Il faut bien aimer quelqu'un pour lui consacrer cela, à Paris, au milieu de mille ennuis ou plaisirs de votre cabinet de toilette ou de travail ! Cela me va bien plus avant au cœur que ce que vous avez jamais dit ou fait pour moi. Seulement, il y a encore trop d'esprit. Quand vous n'en aurez plus du tout, alors je croirai que vous avez, non pas du génie, mais — ce qui est bien plus rare — une affection.

« Voici mes réponses écrites sans y voir et d'une main tremblante, tant j'ai de migraine. Je suis plus triste que jamais, triste de cœur, d'esprit, d'âme et d'affaires, sans compter le corps, malade et ayant sous les yeux un mourant dans quelques jours, ce pauvre et charmant M. de Pierréclos. Jugez si je souris à une pareille vie. Accompagnez cela de tous les embarras urgents d'une situation critique. Me voilà, plus ce que vous savez, et le cœur déchiré et vide. Cependant, je ne vous demande pas de pitié. Il y en a tant de malheureux ! Et la pitié est si pénible ! Mais je vous demande avec confiance cette fois un souvenir quelquefois d'une ligne.

« Je suis seul à Monceaux avec mon chien et mon cheval. Je me couche à huit heures, je me lève à cinq. Je voudrais travailler, je ne le puis pas; je lis à peine. Pourtant le ciel est beau comme à Naples. Des vers ? A vous ! Je ne vous enverrai que les plus beaux que je pourrais jamais écrire. Or, ce n'est pas sous cette étoile funeste. Il vous faut le rayon le plus limpide d'une nuit du mois d'août. Je le demanderai au ciel pour vous le réfléchir.

« Hier, j'ai reçu du poëte allemand Bürger, dédiée à moi, sa Marseillaise allemande : *Non, vous ne l'aurez pas, le libre Rhin allemand*. Je lui ai répondu par la *Marseillaise de la paix*, ce matin, dans mon bain. Je l'écrirai dès que le mal de tête tombera, et je vous l'enverrai après demain. Remerciez Hugo. Nous sommes dignes d'avoir un chaînon aussi brillant que vous entre nous.

« L'affaire de Chantilly est le *nec plus ultra* des bouffonneries d'un parti qui serait si beau, s'il était lui-même (1). C'est à en désespérer. Adieu.

« Je suis bien touché de la pensée à la maison vide. Il y a bien souvent une pensée à votre porte. Votre feuilleton était charmant hier.

« *P.-S.* — Je n'irai à Paris que quand j'aurai trouvé quelqu'un qui consente à me

---

(1) Allusion aux manifestations d'un caractère tout mondain organisées à Chantilly par les légitimistes, qui opposaient au bal de la cour ce qu'on appelait un bal d'anti-cour.

prêter cent cinquante mille francs sur une hypothèque de quatre cent mille. J'attends en vain. »

La pièce de vers dont M. de Lamartine parle si négligemment, et qu'il composait en quelques instants, dans son bain, un jour de migraine, c'est le chant admirable dont les inspirations pacifiques auraient dû être, pour le progrès de la civilisation et pour le repos de l'Europe, mieux écoutées et mieux comprises par la France et l'Allemagne.

> Roule libre et superbe entre tes larges rives,
> Rhin! Nil de l'Occident! coupe des nations!
> Et des peuples assis qui boivent tes eaux vives,
> Emporte les défis et les ambitions!

M. de Lamartine avait d'abord songé à publier dans *la Presse* cette magnifique pièce de vers, le plus éloquent appel qui ait jamais été fait aux idées de charité et de fraternité cosmopolites, hélas! si mal accueillies de notre époque :

> Et pourquoi nous haïr et mettre entre les races
> Ces bornes ou ces eaux qu'abhorre l'œil de Dieu?

Des frontières au ciel voyons-nous quelques traces?
La voûte a-t-elle un mur, une borne, un milieu?
Nations! mot pompeux pour dire barbarie!
L'amour s'arrête-t-il où s'arrêtent vos pas?
Déchirez ces drapeaux; une autre voix vous crie :
L'égoïsme et la haine ont seuls une patrie,
    La fraternité n'en a pas.

Roule libre et royal entre nous tous, ô fleuve !
Et ne t'informe pas, dans ton cours fécondant,
Si ceux que ton flot porte ou que ton urne abreuve
Regardent sur tes bords l'aurore ou l'Occident.
Ce ne sont plus des mers, des degrés, des rivières
Qui bornent l'héritage entre l'humanité;
Les bornes des esprits sont leurs seules frontières;
Le Monde, en s'éclairant, s'élève à l'unité.
Ma patrie est partout où rayonne la France,
Où sa langue répand ses décrets obéis!
Chacun est du climat de son intelligence,
Je suis concitoyen de toute âme qui pense;
    La vérité, c'est mon pays.

Au moment où il écrivait ce chef-d'œuvre de la poésie lyrique française, M. de Lamartine était très gêné dans ses affaires d'argent, et, s'il l'envoya à *la Revue des Deux Mondes*, c'est qu'il voulait un billet de mille francs, non pour lui, mais pour un ami malheureux qui en avait plus besoin que lui-même. C'est ce qu'il explique à Mme de Girardin dans cette lettre :

« 5 juin 1846.

« Moi! avoir songé à vous faire froidement et systématiquement un chagrin? Je rougirais de moi devant mon ombre. Voulez-vous savoir la grosse bête de vérité? Au moment de vous envoyer ces vers à *la Presse,* je reçus la demande de cinq cents francs bien pressés d'un homme que j'aime et qui en a bien besoin. J'écrivis à Buloz : Envoyez-moi mille francs courrier par courrier si vous jugez à ce prix quelques mauvaises rimes et mon nom? Trois jours après il m'adressait un billet de mille francs dans une lettre, seul argent que j'aie jamais touché d'un journal et d'une revue, et voilà tout. Je pensais que *la Presse,* si elle trouvait les vers bons, les reprendrait le lendemain. C'est toute ma confession. J'espère que je suis absous.

« Je viens de passer la journée auprès du lit de ce pauvre et charmant jeune homme (M. de Pierréclos). C'est un spectacle déchirant que la séparation lente de sa femme et de lui. Ils s'adorent. Il m'aimait bien aussi, et je m'y attachais sensiblement pour lui-même, bien plus que pour ce que l'on croit. Je n'ai plus d'espoir, mais des jours de répit de temps en temps. Je suis très malade moi-même et très fatigué d'un discours d'une heure et demie hier au soir, à un conseil de Mâcon que j'ai converti à l'unanimité. Je ne puis jamais dormir après. L'esprit parle encore douze ou quinze heures après les lèvres.

« J'attends le 8 un capitaliste de Paris qui vient examiner de ses yeux si mes terres et mes titres lui présenteraient un gage pour deux cent mille francs. Je ne pourrai savoir si je vais à Paris ou non qu'après qu'il aura feuilleté ma fortune et mes dettes. Triste occupation. Je vous dirai alors quand je pourrai partir. Mais partez donc vous-même. Ne laissez pas pour une misérable rencontre et pour une conversation tronquée, glisser ces jours de soleil et de vie que le ciel nous prodigue cette année. Il y a plus de choses dans un de ces beaux jours sur un coteau de la Creuse que dans tous les salons où vous êtes adorée et dans toutes les intimités même de

Paris. Après cela, pensez à Saint-Point, si les circonstances deviennent plus douces. Adieu. La pensée de M. de Rothschild serait bien bonne. S'il voulait me prêter deux cent mille francs pour sept ans, à cinq pour cent, et se contenter d'une hypothèque sur une terre de six cent mille francs qui a seulement deux cent mille francs d'hypothèques, il me sauverait de bien des nécessités, dont ma démission est la première. »

La lettre suivante contient une des plus belles pensées qui aient jamais été exprimées ici-bas : « Un quart d'heure d'amour vaut mieux que dix siècles de gloire, et une minute de vertu, de prière, d'élan enthousiaste de l'âme à Dieu, vaut mieux même qu'un siècle d'amour. »

Mme de Girardin avait, elle aussi, le sentiment religieux. Il apparaissait jusque dans ses chroniques mondaines de *la Presse*. « Aujourd'hui, ce ne sont plus les philosophes qui sont athées, y avait-elle dit, ce sont les cœurs désenchantés; et ceux-là, avec de la

poésie, on les ramène. Et quoi de plus conso-
lant, de plus sublime que cette pensée, que
chaque privation nous est comptée et nous
rachète une faute? Oh! qu'elle est généreuse,
cette religion qui d'un sacrifice nous fait une
espérance; qui nous montre toujours après
la nuit, et même à cause de la nuit, un beau
jour; qui nous promet le bonheur comme
une conséquence des larmes; qui nous fait
d'un revers un gage de triomphe et nous dit :
Souffrir, c'est mériter... (1). Heureuse l'âme
qui a l'intelligence de ses douleurs! Pour
elle, les larmes ont un langage qu'elle comprend, le désespoir a des promesses qu'elle
écoute. Oh! qui de nous ne l'a senti qu'en
nous frappant Dieu s'engage, et qu'il est de
certains chagrins, de certains tourments
inouïs, insupportables, horribles, qui le com-
promettent avec nous pour l'éternité! Non,
ceux qui auront toujours ignoré ces affreuses
peines ne seront pas, au jour du jugement

(1) *Lettre parisienne* du 22 mars 1837.

dernier, les égaux de ceux qui les auront connues et dévorées (1). »

Mais, revenons à la lettre de M. de Lamartine.

« Au château de Monceaux, 25 juillet 1841.

« Je réponds courrier par courrier comme à mes flatteurs ou à mes commettants. N'êtes-vous pas la plus flatteuse de mes flatteurs, si vous êtes peut-être celui par qui j'aimerais le plus à être flatté ?

« Vous êtes triste, mais vous êtes jeune. Cela passera. Moi, je mûris, si je ne vieillis pas encore, et les cheveux blanchissants m'avertissent que mes tristesses sont sans consolation future dans ce misérable monde, mal éclairé par la lune et mal chauffé par le soleil. A propos de toutes nos tristesses, voulez-vous savoir mon opinion, comme on dit parlementairement : c'est qu'un quart d'heure d'amour vaut mieux que dix siècles

____

(1) *Lettre parisienne* du 25 mars 1841.

de gloire, et qu'une minute de vertu, de prière, de sacrifice, d'élan enthousiaste de l'âme à Dieu vaut mieux même qu'un siècle d'amour. Je ne suis pas toujours mes opinions, mais enfin les voilà. C'est peut-être une opinion consolante à l'âge où même sans vertu, il faut *avoir l'air* de renoncer à l'amour, sous peine d'aimer tout seul, c'est-à-dire de faire la chose la plus belle et la plus ridicule des choses de ce monde.

« Parlons d'autres choses moins belles. — L'homme est venu. Il a examiné mes terres. Il les a trouvées très larges et très bien cultivées. Il a compris enfin, m'a-t-il assuré, ce mot mystérieux du *Courrier de Paris :* » Lamartine, le premier agriculteur de France. » Vous croyiez badiner. Eh bien, il l'a pris au sérieux, en voyant mes vignes et mes familles heureuses et bien gouvernées de vignerons. Me prêtera-t-il sur cette valeur morale? et me prêtera-t-il à un intérêt moral aussi? C'est là toute la question. Il me dira son mot dans un mois. Mais j'ai peu de foi dans les mots qu'on ne dit pas tout de suite. En attendant, et comme je suis à quelques mois de ma perte financière, je vais aller à Genève un de ces jours passer six jours et voir si je trouverai là un appui qui ne me perce pas la la main. Je ne saurai donc que dans un mois si et quand j'irai à Paris.

« Allez dans vos montagnes ou venez dans les miennes, ce qui serait mieux. Moquez-vous du monde et vivez de vous. Vous avez plus de vie morale et pensante que ces tourbillons de poupées dont vous vous laissez ennuyer, et vous appelez cela vous occuper. Vous aurez cinq ou six jours tristes, et puis les sources qui sont en vous couleront, et vous penserez, sentirez, écrirez, rêverez des choses sublimes, et vous direz anathème au mois d'hiver qui viendra vous déranger. Ce qui n'est pas en nous n'est pas. Cherchons seulement ce qui est.

« A votre place, je ferais un grand livre de philosophie humaine ou mondaine dans le genre de *l'Allemagne*, de Mme de Staël. Vous êtes à sa hauteur maintenant, plus la poésie. Prenez votre sérieux tout à fait; ne touchez

plus que dans le journal la corde demi-sé-
rieuse de l'esprit. La gaieté est amusante,
mais, au fond, c'est une jolie grimace. Qu'y a-
t-il de gai dans le ciel et sur la terre? Le bonheur est triste lui-même quand il est complet,
car l'infini est sublime, et le sublime n'est pas
gai.

« Quant à moi, ce que je fais? Rien du tout.
Je vois mourir, je vois pleurer, je vois aimer;
je vois ce qui s'aime lentement déchiré par la
mort. J'ai dans le cœur mille abîmes qui se
couvrent de silence et d'indifférence, et je sens
les années se raccourcir et couvrir de l'ombre
suprême les dernières choses éclatantes que
j'aurais aimé à cueillir. Et puis voilà! comme
on dit ici. Adieu et bonne amitié. »

Mme de Girardin, émue par cette tristesse
sincère, répondit probablement par une lettre
qui toucha son illustre ami. Il l'en remercia
dans des termes où l'on devine l'émotion par-
tagée :

2 août 1841.

« C'est un seul mot pour vous dire : J'ai

reçu, j'ai lu, j'ai béni la main qui a tracé ces lignes.

« J'étais en Suisse, croyant le jour suprême encore éloigné. Je suis revenu trop tard. Il est mort en sage d'un autre temps. Son dernier mot, une minute avant sa mort, a été un adieu et un remercîment à moi. Son dernier geste a été de montrer le ciel à sa femme. Heureux les morts! Heureux le jour où se réunissent tous ceux qui se froissent ou se rencontrent si mal dans le monde!

« Je n'ai que le temps et la force de vous jeter ces deux mots. Je vais à Saint-Point mener la pauvre veuve. Je repars pour la Suisse dans peu de jours. C'est pour des affaires. Il n'est pas même aisé de se dévouer et de se ruiner pour son pays. Quel monde! quelle terre! quels hommes! Vous le savez, vous à qui ils ont versé tant de fiel, et qui le leur rendez en délices!

« Mais adieu. J'ignore si j'irai à Paris. J'ai des embarras extrêmes et qui peuvent m'y faire dire un long adieu.

« Ma santé va mieux, sauf les coups terribles qui ravivent tout. Dieu proportionne les forces aux fardeaux. Je serais plein d'ardeur pour combattre, agir, mourir; mais le terrain manque sous les pieds de tous les devoirs ici-bas. Quand la destinée, contre laquelle on ne doit jamais *s'obstiner*, aura parlé plus clairement encore, je me retirerai de toute action et de toute lutte, et je vous crierai de loin : Vivez et agissez. Adieu encore; aimez-moi, car j'ai pour vous *quand même* une affection vieille, sincère, vraie et universelle. — Excusez ce griffonnage. Je me suis repris et repenti des sottises qui coulaient de ma plume à mon insu. — M. de Girardin est donc en Allemagne. C'est bon. *La Presse* est admirable depuis un mois. Écrivez-le-lui. »

Une autre lettre non datée, mais écrite à la même époque, accentue encore la double note d'affection et de mélancolie qui caractérisait les rapports de M. de Lamartine et de Mme de Girardin :

« Votre lettre m'a plu par ce sentiment juste

que dans le malheur on pense à ses amis.
Vous avez pensé à moi un jour de tristesse.
Donc vous n'êtes pas sans quelque amitié au
fond du cœur pour moi. Je ne vous réponds
cependant que deux mots, car je sors de mon
lit, où j'ai été quatre jours avec une névralgie, et je suis au coup de feu d'un conseil général, où je pérore vainement dix fois par jour
contre des esprits plus étroits que leurs petites villes et plus arides que les pierres de
leurs chemins.

« Je passe, comme vous, mon été à souffrir
de corps et de cœur. Si cela peut vous con-
soler, en vous montrant l'égalité du destin,
consolons-nous ainsi. Mais je sens que le bonheur d'autrui consolerait mieux, et où est-il?
Je ne vois que des figures en deuil d'un bonheur qu'elles n'ont jamais eu. Il faut penser
à là-haut et tourner son regard intérieur vers
de meilleures régions où nous marchons à
grands pas. Je n'ai jamais trouvé de remède
à l'âme sur la terre. Prier et espérer, c'est
notre foi. Cela n'a pas de dogme, et cela est
d'autant plus sûr.

« Vous me parlez de mes détresses de fortune. Elles sont en vérité grandes et presque extrêmes; mais je ne vois aucun moyen d'y pourvoir par le journalisme. Cela ne va pas aux idées hors des partis. L'avenir n'a pas d'abonnés chez les hommes pressés par le présent. Cela ne va pas non plus à un député qui doit parler au-dessus des têtes des hommes de parti. Je ne verrais de possible que des travaux de pure littérature, et les libraires sont des maquignons dont les poëtes sont les rosses et les chevaux de sang. Ils gagnent ou perdent leurs paris avec nous, et nous vendent ensuite à l'écorcheur. Bref, je ne vois rien qu'accepter une ambassade, *et je ne veux pas absolument*, ou donner ma démission de la Chambre et me retirer dans une montagne ou en Égypte, et j'hésite, parce que je crois que la nature est la voix de la destinée, et que la nature me pousse sans cesse à l'action politique, sans ambition pourtant. Je suis donc fort triste, fort embarrassé, et je prie Dieu, tout impie et panthéiste qu'on prétend que je sois.

« Je vous vois d'ici dans vos loisirs laborieux de fermière. C'est une bonne activité. Cela vaut mille fois les salons. Vous y prendrez goût, car vous avez sève et verve pour tout ce qui est vrai. Cela seul est vrai pour une femme surtout. Je voudrais que Bourganeuf fût à portée de visites. Mais je n'y puis songer. Je vais partir après-demain pour m'enterrer jusqu'à l'hiver dans une maison de paysan au fond de montagnes comme les vôtres. J'essayerai quelques vers. J'ai écrit l'autre jour les plus tristes et les plus beaux qui fussent en moi. Faites-en. Il y en a dans la source des larmes. Adieu et tendresse. »

Cette lettre indique très bien le conflit qui s'élevait dans l'esprit de M. de Lamartine entre le goût de la retraite et le désir de l'action. Il attendait vaguement la grande crise politique, où il s'était prédit à lui-même un rôle mémorable. Assurément, c'est lui-même qu'il avait voulu peindre, sans le dire, lorsqu'en 1830, dans son discours de réception à l'Académie, il avait prononcé les paroles suivantes :

« Le même homme, soulevé par l'instabilité du flot populaire, aborde tour à tour les situations les plus diverses, les emplois les plus opposés ; la fortune se joue des talents comme des caractères ; il faut des conseils pour la place publique, des plans pour ces conseils, des hymnes pour les triomphes... On cherche un homme ! son mérite le désigne : point d'excuse, point de refus ; le péril n'en accepte pas ; on lui impose au hasard les fardeaux les plus disproportionnés à ses forces ; les plus répugnants à ses goûts... L'esprit de cet homme s'élargit, ses talents s'élèvent, ses facultés se multiplient ; chaque fardeau lui crée une force, chaque emploi un mérite, chaque dévouement une vertu. »

En 1842, M. de Lamartine voyait plus clairement encore sa destinée future. Il annonçait à Mme de Girardin qu'il ferait « l'insurrection de l'ennui »

« Monceaux, 23 novembre 1842.

« Enfin voilà un mot de cette main qui en a tant écrit de ravissants, et qui en fait tant désirer maintenant à ses amis! Est-ce que Bourganeuf engourdit cette âme que ni le malheur, ni les inquiétudes, ni les ingratitudes n'avaient pu affaisser à Paris! Si c'est pour votre repos, tant mieux; si c'est pour transporter ce feu sacré de l'autel du génie au vent froid et agité de l'ambition mondaine, tant pis. Mais ce n'est pas cela, dites-vous. C'est ce voluptueux engourdissement qu'on éprouve à regarder sans voir la nature inanimée dans une sauvage nature et par un beau soleil. Alors, tant mieux encore! Cette paresse-là est divine. Elle compose les plus délicieuses heures de la vie. Non seulement je vous la pardonne, mais je vous la souhaite mille heures par jour. Mais est-ce qu'il n'y avait ni montagnes, ni bruyères, ni ciel bleu et profond, ni éblouissant soleil à Saint-Point? Au contraire, il n'y a que cela. Que ce soit donc pour une autre année. Vous êtes cause que je n'ai joui de rien celle-ci, parce que je vous ai toujours attendue. Et comme je me défie justement de ma propre *amabilité*, j'ai eu du monde sans interruption à votre intention jusqu'à aujourd'hui. Enfin n'en parlons plus.

« M. de Girardin me trouvera à travers les frimas, les brouillards, la glace et les inondations, à une heure de Mâcon, dans un château bien triste sur la route de Cluny. Cela s'appelle Monceaux. Qu'il m'écrive et je lui enverrai des chevaux, ou qu'il prenne une voiture à Mâcon. Je serai enchanté de vingt-quatre et de cent heures de causerie avec lui. Il me trouvera un peu ennuyé, un peu assoupi, un peu morose, mais l'âme est un ressort qu'il suffit de presser un peu pour qu'elle reprenne élasticité et vigueur. La mienne les prête à toute action ou à toute pensée qui lui donne l'exercice et le sentiment d'elle-même. Elle est morte un millier de fois et ressuscite toujours le troisième jour. Elle est occupée, dans ce moment, à compter des tonneaux dans des caves et à calculer le prix des vins; mais elle ne demande pas mieux que de faire autre chose. Quant au corps, il souffre et s'agite et languit. Quel supplice que cet accouplement d'une intelligence qui en tuerait dix, et qui n'en a pas un en bon état! Que pouvons-nous faire avec un si détestable outil?... Consolez-moi donc en m'écrivant. Je ne suis pas heureux. Pas plus que vous. La tristesse est une sympathie. Vous savez la mienne. J'ignore la vôtre. C'est peut-être la même.

« Faites-vous des vers? J'y ai renoncé. C'est trop puéril pour le chiffre de mes années. La rime me fait rougir de honte. Sublime enfantillage dont je ne veux plus.

« Philosophie et politique, je ne vois plus que cela, et cela se fait en prose. Ainsi, adieu sérieux non à la poésie, mais aux vers. En philosophie, je prépare pour un avenir éloigné. En politique, j'attends quelques événements qui en vaillent la peine. Quant à user ses beaux jours pour la petite préférence à inventer ingénieusement entre MM. Molé, Thiers, Guizot et Dufaure, je laisse cela à ceux que cela amuse. Quant à moi, j'en suis prodigieusement ennuyé. Je ferai l'insurrection de l'ennui, une révolution pour secouer ce cauchemar; pour cela, il faut des forces dans le pays. En attendant, consolons-nous ensemble, en causant de loin et de près de ce texte inépuisable de la pensée humaine et du cœur humain, où personne ne lit si bien et si fin que vous. Adieu. »

Cette *insurrection de l'ennui*, cette *révolution pour secouer un cauchemar*, M. de Lamartine, et c'est là son excuse, la rêvait belle et glorieuse. En abordant la tribune, dès 1834, il avait réclamé pour la politique : « un sens social, une pensée organisatrice, un système d'élection plus vaste, qui, en élargissant la base de la société, lui donne plus d'aplomb sur elle-même, et permette à toutes les classes de faire représenter leurs besoins et leurs intérêts devant la législation. » Il avait dit alors : « Ce qu'il faut aux gouvernements, ce qu'il faut aux oppositions, c'est l'amour du peuple, c'est le zèle du bonheur des masses, c'est la charité dans nos lois ; jetons-en à pleines mains : elle sera plus puissante que la force brutale (1). »

Dans son ambition, il y avait en définitive plus de foi que de calcul, plus de dévouement que d'égoïsme ; et s'il s'abusait en entrevoyant dans les brumes de l'avenir je ne sais quelle république de Salente fraternelle et chrétienne, son illusion était du moins celle d'un noble esprit, d'une haute intelligence, d'un grand cœur. Dans la lettre suivante, il parlait de cette politique large et féconde, qui était son idéal :

« Monceaux, 4 décembre 1842.

« Le lit de M. de Girardin était fait, son feu allumé, hier dimanche, quand j'ai reçu votre lettre. Voilà la troisième fois. Je ne l'attends plus. Qu'il aille ou qu'il vienne, j'irai ou je viendrai. Je n'ai plus de foi. Aussi bien les routes sont gelées, et le brouillard couvre nos collines. Que lui offrirais-je qu'un

(1) Discours du 13 mai 1834.

coin de feu moins confortable que dans la rue de l'Université (1)? Faites-lui mes compliments sur son élection.

« Que répondre à votre lettre? Je suis lyrique et non polémique. Je dis et ne discute pas. Vous aussi. Disons donc, et ne nous répondons pas.

« Non, il n'est pas vrai que la politique soit de l'ambition toujours. C'est la petite qui est de l'ambition, la grande est du dévouement. Je ne conçois que la grande. Celle-là est patiente comme l'idée qui la fait agir. Elle n'est pas pressée de saisir aujourd'hui, parce qu'elle a demain. Elle est clairvoyante, parce qu'elle n'a pas l'œil troublé par le vertige de l'intérêt personnel. Elle n'entre au pouvoir que quand elle sent qu'elle a une force en elle et derrière elle pour l'y pousser et l'y soutenir. Cette force, je ne l'ai pas encore; je l'aurai dans quatre ou cinq

---

(1) M. de Lamartine demeurait à Paris, rue de l'Université.

ans (1). Vous verrez alors si je ferai de la philosophie. Mais, en attendant, qui m'empêche d'en faire? Qui est-ce qui me dérange? Et pourquoi me battrai-je avec MM. Thiers, Guizot ou Molé? J'y perdrai mon temps et mon bonheur. Le jour viendra de se battre, mais d'ici là on peut philosopher ou même faire mieux. Mais, hélas! je me hâte de vous dire que je ne fais pas mieux.

« Je suis même peu pressé d'aller à Paris, excepté pour vous voir, car je n'ai rien à faire pendant quelques mois. Il y a entre l'opposition et moi leurs vieilles bêtises à liquider. Il faut que les feuilles mortes tombent pour faire place aux bourgeons nouveaux. De plus, ce n'est pas à moi d'attaquer le ministère. On doit des égards à des hommes d'honneur. Si on les chasse, ce ne doit pas être par ma main. Et puis-je les aimer mieux que ceux qui vont les remplacer? Mais défendre désor-

______

(1) Cinq ans après le moment où M. de Lamartine écrivait cette lettre, la révolution de 1848 éclatait. N'est-ce pas là une curieuse prédiction?

mais un cabinet? Non. Ce n'est plus l'esprit du rôle. Mieux vaut donc se taire un an ou deux. Ah! si j'avais un journal! C'est là que je parlerais. Mais la Providence me le refuse. Donc c'est pour le mieux. Ainsi toujours content. Vous ne savez pas combien et pourquoi je suis fataliste, comme tous ceux qui ont une fortune. Écoutez si j'en ai une. Hier matin j'avais fait venir une quantité d'énormes carpes de vingt lieues de loin dans un vivier. Une fois les carpes dans l'eau, je ne savais plus comment les en tirer. Point de filet à dix lieues à la ronde. Pays de vigne et de rochers, où on n'a jamais mangé une écrevisse seulement. Je monte à cheval et je traverse la grande route. Quelque chose fait peur à mon cheval, qui se cabre. Je regarde. C'est un homme qui porte un beau filet au bout d'une perche. Il me l'offre à acheter. Je le paye et nous dînons. Un journal m'arrivera à son heure, comme le filet, et nous prendrons beaucoup d'hommes. Car nous serons pêcheurs d'hommes, comme Jésus-Christ disait à saint Pierre. En attendant, pêchons des brochets.

« Mais adieu. Je voulais raisonner et je cause. Au revoir, et un bien sincère et croissant attachemeut. »

Une autre lettre, non datée, mais qui est de la même époque, revient sur le pressentiment d'un grand rôle politique. M. de Lamartine prédit qu'il n'arrivera au pouvoir que par une brèche, c'est-à-dire par une révolution :

« Le conseil général m'a retenu quinze jours. Fatigué aujourd'hui, je suis au lit avec une fluxion douloureuse. Je ne vous écris donc pas que ma joue ne soit désenflée ; mais je pense à vous bien constamment et à toutes vos peines. Je sens perpétuellement au cœur le coup que le vôtre a reçu. Il n'y a pas beaucoup de femmes capables de vous comprendre. Celle-ci l'avait appris de bonne heure. Quel vide ! Cesser à la fois d'être compris et d'être aimé : c'est ce qui m'arrive tous les ans. On ne s'y habitue pas.

« J'attends M. et Mme de Lagrange demain. Je ne sais ensuite ce que je ferai. Mes affaires financières n'ont pas marché d'un pas. Irai-je à Paris? Retournerai-je à Genève? Les prochaines lettres me le diront et je vous le redirai.

« Adieu; ma plume tombe. Je n'ai rien mangé depuis trois jours. Ce n'est qu'un mal de dents. Du reste, je vais bien mieux. Quant à ce que vous savez, rien de rassurant et plus enchevêtré que jamais. Mais je rougis même d'y penser. Je dois rester où les années me placent. On parle de moi pour le ministère dans les journaux d'aujourd'hui. J'en suis bien aise pour mes électeurs, que cela flatte. Mais il n'y a pas le moindre fondement. Si je reste à la Chambre, je verrai soigneusement passer trois ministères avant de faire partie d'aucun, et si jamais j'y entre, je n'y entrerai que par une *brèche*. On n'a de force que dans les places conquises, dont les bourgmestres vous apportent les clefs. Or, qu'est-ce qu'un minis-tère sans *pouvoir?* Une duperie.

« Adieu encore, et une amitié en affection, en attachement, mille fois plus forte et plus enracinée que vous ne pensez. Pour votre

mère, elle le sait, mais dites-le-lui encore ;
cela ne fait pas de mal. »

Pendant la belle saison de 1846, Mme de
Girardin alla passer quelques jours à Saint-
Point avec M. et Mme de Lamartine. Au moment où elle s'apprêtait à faire ce voyage, son
hôte illustre lui écrivit cette lettre :

« Maudite soit la voiture qui vous manque ;
mais bénie la malle-poste qui vous amènera.
Mme de Lamartine veut la robe bleue.

« Vous nous trouverez seuls, tristes, malades, mais heureux de vous posséder dans
la chaumière de Saint-Point. Nous sommes
fixés à Saint-Point pour être bien seuls.

« Écrivez-moi de façon à ce que je sache
votre arrivée à Mâcon, où Mme de Lamartine
ira vous prendre le matin à votre réveil, à
l'hôtel de l'Europe ; car la malle-poste arrive
à minuit, et on couche là.

« Vous viendrez ensemble déjeuner à Monceaux (trois quarts d'heure de la ville) et
dîner à Saint-Point.

« Je travaille aux *Girondins* depuis que je
peux tenir ma plume. Dites à Girardin de

m'attaquer de questions sur mon discours aux électeurs; je lui répliquerai. Son langage, en effet, est un peu vert; mais j'aime l'âpreté dans les idées. Sa position est bonne. Son talent augmente sensiblement; il le transformera en parole quand il voudra : rien de si aisé. Mais l'avenir est à mes idées, car je suis aux idées de Dieu. Quand, dans un siècle ou deux, mon Sosie sera à la tête du gouvernement populaire, il s'intitulera le *serviteur* du peuple. J'ai plus de *foi* que vous ne croyez, et une bien ardente; mais je ne la dis pas. J'ai ma lanterne sourde tournée du côté de mon cœur. Je ne laisse voir encore que le côté obscur et la fumée aux hommes du siècle. Avant de mourir, je la tournerai du côté flamboyant; mais à présent on l'éteindrait. Et on dira alors : Il a bien fait de consentir à passer pour ténébreux; il aurait ébloui, offusqué et repousssé.

« Mais adieu. Ne venez pas si vous ne savez pas vous ennuyer et vous coucher avec les poules. Apportez *Cléopâtre*. Ne l'oubliez pas. Mille tendres respects. »

7

M. de Lamartine a ainsi parlé de ce séjour de son amie à la campagne :

« Elle vint passer une fin d'été dans ma solitude au milieu des bruyères de Saint-Point. Elle écrivait alors avec une verve virile sa belle tragédie de *Cléopâtre*, dont le style a la solidité et le poli du marbre. Je n'oublierai jamais l'inspiration de son visage et l'émotion de sa voix quand elle nous lisait le jour ce qu'elle avait composé la nuit. C'était ordinairement le matin, à l'ombre d'un toit de mousse qui couvre un pan du verger en pente d'où le regard plane sur une vallé de Tempé, en face de sombres montagnes ; rien n'y troublait le silence, si ce n'est le sourd murmuré du ruisseau sous le saule, des bourdonnements d'abeilles dans les sainfoins et quelques gazouillements de linottes importunes sur les arbres. Ses beaux vers faisaient taire en nous tous ces bruits du dehors... »

Charmé de la visite qu'il avait reçue, M. de Lamartine en remercia Mme de Girardin par la lettre suivante, qui, comme la précédente, n'est pas datée :

« Je n'ai pas une minute chez moi depuis vous. Conseil général, académies, courses dans les terres, comptes de l'année, festins. J'arrive d'hier, et je reprends mon esprit et mon cœur. C'est pour vous remercier de la charmante lettre écrite à ma femme et de la *bonhomie* ravissante dont vous avez été toute rustique avec nous à Saint-Point. Il y a un vers latin qui dit merveilleusement. Vous savez le latin.

Omnis Aristippum decuit color...

En français : Tous les habits seyaient à Aristippe. Tout va de même à votre nature souple et forte, le cothurne et le sabot. Revenez donc à Saint-Point. Mes chevaux se perfectionnent en vous attendant. J'en monte deux par jour maintenant.

« Je vous ai fait envoyer deux articles de moi : un hier sur les blés; un ce matin, terrible contre le mariage espagnol, mais poli. Le roi n'est pas indiqué. Il a tort de me haïr.

Nul n'a jamais si bien parlé de lui en attaquant sa politique quelquefois. Mais ici, je me fâche, comme dit M. de Lacretelle, en pérorant. Dites à M. de Girardin d'insérer ou non, selon son cœur, et de combattre sans pitié. Je répondrai peut-être. Mais cependant il faut écrire les *Girondins*.

« Mes vendanges sont faites et pauvres. Il faut vivre, et pour vivre écrire.

« Adieu. Aimez-nous, car on vous aime *fort* et *vrai* ici. Mille tendres respects. »

Les premières lueurs de l'incendie politique commençaient à rougir l'horizon. Le poète allait se faire tribun. Le temps des bucoliques et des églogues était passé.

En 1847, M. de Lamartine venait de faire paraître les *Girondins*. Le livre produisait une émotion indicible. L'admiration des uns allait jusqu'au délire, la critique des autres jusqu'à la fureur. Dans un de ses courriers de Paris(1), Mme de Girardin s'empressa de saluer

(1) *Lettre parisienne*, 4 avril 1847.

l'apparition de cet ouvrage, qui était un événement. Avec un instinct vraiment prophétique, elle en devina tout de suite la portée :

« Ce livre, écrivit-elle, est une révolution; c'est un présage, c'est un symptôme, c'est un décret peut-être!... A chaque page du livre, nous rêvons, troublé et charmé... Vivacité, coloris, verve, grâce, violence, fraîcheur, toutes les qualités sont là réunies! Comme cet homme est bien largement doué et favori! Ah! que c'est beau; mais que d'événements vont naître de ce livre! Je voudrais bien ne pas les voir! Oh! je voudrais mourir! N'est-ce pas un effet étrange que cette admiration excessive qui vous fait souhaiter la mort? Sans doute la Révolution de 89 est une belle chose; mais que voulez-vous! nous n'aimons pas les révolutions. M. de Lamartine semble dire que, si la Révolution a été cruelle et imparfaite, c'est que malheureusement elle a été accomplie par les hommes. Eh bien, voyez comme nous sommes inintelligents et sottement bornés : nous ne voudrions même pas non plus d'une révolution qui serait faite par des anges. Il y en a eu une autrefois, elle a produit l'enfer, et rien que cela suffit pour nous donner des préventions invincibles. »

M. de Lamartine s'est repenti de plus d'un passage des *Girondins*. Il a écrit :

« Le mot d'homme-principe, qui s'applique à Robespierre, est un scandale de mot, une qualification à double interprétation capable de fausser l'esprit de la jeunesse sur ce Marius civil, sur ce proscripteur bourreau de la Révolution. Je m'en repens et je l'efface. — Tout est juste dans mon jugement sur le crime de la République à l'égard de Louis XVI. Une seule phrase m'y blesse (il y eut une puissance sinistre dans cet échafaud), concession menteuse à cette école historique de la Révolution, qui a attribué un bon effet à une détestable cause, et qui prétend que la Terreur a sauvé la patrie. Honte sur moi pour cette complaisance. J'ai été indigné contre moi-même, en relisant ce matin la dernière page lyrique des *Girondins* (sur l'ensemble de la Révolution), et je conjure les lecteurs de la déchirer eux-mêmes, comme je la déchire devant Dieu et la postérité. J'ai été téméraire et malheureux dans le regard jeté sur l'intérieur de la jeune reine. Rien n'autorise à lui imputer un tort de conduite dans ses devoirs d'épouse, de mère, d'amie (1). »

Si l'auteur a parlé ainsi des grandes fautes de son œuvre, on se figure ce que ses ennemis en durent dire. Mme de Girardin prit sa défense dans les termes suivants :

« Le parti légitimiste vocifère contre les *Girondins;* pour nourrir sa fureur, il s'attache à quelques expressions, maladroites peut-être en ce qu'elles donnent lieu à diverses interprétations, mais expliquées, pendant tout le reste du récit, de la manière la plus favorable; l'auteur, parlant des calomnies inventées contre la reine, s'arrête et dit ces mots cruels comme toutes les réticences :

____

(1) LAMARTINE, Critique de l'*Histoire des Girondins.* Œuvres complètes, t. XV.

« L'histoire a sa pudeur. » Ce mot isolé a un sens fatal; mais, dans l'ensemble de l'ouvrage, il reprend sa véritable signification : « l'histoire a sa pudeur » veut dire, l'histoire a sa dignité; elle ne se fait pas l'écho des propos du temps; elle raconte les faits, elle donne les preuves; mais, quand il n'y a ni faits ni preuves, elle doit garder un silence digne. Voilà, il nous semble, ce que signifie ce mot; et, comme chaque fois qu'il est question de fautes reprochées à la reine, l'auteur se sert toujours, et avec indignation, du mot de « calomnies », d' « odieuses calomnies », il est certain que son intention n'est point d'outrager la reine, bien au contraire; pour un artiste exercé, qui a l'instinct des grandes compositions historiques, dramatiques ou poétiques, il est évident déjà que c'est la reine qui est la grande figure de l'*Histoire des Girondins*, la victime bien-aimée de l'auteur, que c'est Marie-Antoinette qui est l'héroïne du poème (1). »

____

(1) *Lettre parisienne*, 4 avril 1847.

M. de Lamartine fut charmé de cette défense. Il écrivit immédiatement à Mᵐᵉ de Girardin (6 avril 1847) :

« Jamais je n'ai lu un si admirable article.
Jamais je n'ai reçu une si courageuse et si
éloquente marque d'attachement. Je me lève
en sursaut pour vous le dire. Cela est entré
jusqu'à la dernière fibre de mon cœur. Je
suis le grand criminel du moment, pour qui
votre ombre a été un asile. Je m'en souvien-
drai, non pas tant que j'aurai un orgueil,
mais tant que j'aurai une âme. Il y en a tant
dans l'acte et tant dans le morceau !

« Mᵐᵉ de Lamartine en a pleuré. Beaucoup
d'autres en seront longtemps émus. Soyez-en
heureuse dans vos heures tristes ! C'est de
l'héroïsme dans le talent, dans l'éloquence,
dans la grâce, dans l'amitié.

« Je ne connais pas de mot qui répond
dans la langue aux sentiments ainsi expri-
més ; mais je le demanderai à mon cœur
jusqu'à ce que je l'aie trouvé.

« Je serai importun aujourd'hui vers

7.

quatre heures, ainsi que Mme de Lamartine. »

Cependant la révolution de février s'approchait. Mme de Girardin la prédisait avec l'intuition d'une voyante. Elle écrivait dans son *courrier de Paris* du 11 juillet 1847 : « Oh! que c'est ennuyeux! Encore des révolutions!... » Quant à M. de Lamartine, il passait, en rêvant, ses derniers jours de calme en Bourgogne, d'où il adressait cette lettre à son amie :

« Mâcon, 22 septembre 1847.

« Me voilà de retour, et vous aussi, dit-on, vous, des flots verts, et moi des flots bleus de la mer. En êtes-vous revenue mieux portante? j'en reviens, moi, plus souffrant de rhumatismes nerveux que jamais, et Mme de Lamartine encore plus que moi. O années de gloriole et de gémissements comme toutes nos années!

« Me voici à Monceaux pour trois mois. Venez-y donc. Nous causerons. C'est une consolation de l'oisiveté où la fortune (un des noms de la Providence) nous garrotte.

« Voici un discours que j'ai improvisé hier en arrivant à une réunion agricole, qui avait groupé à Mâcon un millier de fanatiques des fleurs et des fruits. Tout le monde a pleuré, et je pleure presque moi-même en le lisant ce matin à froid dans ce journal. Voyez si cela peut faire lignes dans une page vide de *la Presse*. Mais sans que j'y tienne du tout. J'en ai envoyé un plus sérieux à M. de Girardin sur le commerce de Marseille. J'ai été reçu là-bas et partout, comme un être amphibie, entre les dieux d'autrefois et l'homme, un personnage mythologique. La foule s'attache de plus en plus à mes pas, mais je ne fais pas de miracles. Je m'ennuie et la France aussi. Ce pays-ci veut des idoles et ne veut pas d'hommes d'État.

« Voilà encore pour vous ces deux ou trois discours de Marseille.

« Adieu ; je vous quitte pour me jeter au bain et essuyer la poussière des assemblées publiques. Ensuite à cheval dans mes vignes. Je nage dans le vin ; j'en ai vendu hier pour quarante mille francs, un tiers seulement à peu près de ma récolte probable.

« Dites à M. de Girardin que je suis honnête homme, que je tiendrai, s'il l'exige, parole, comme je le dois, pour les *Confidences;* mais que, s'il les veut à cette heure, je suis décidé à me retirer de la Chambre, car, si je parais comme homme de lettres et homme sensible, je suis perdu sans ressources comme homme politique. Ainsi est faite notre aimable et jalouse patrie. Il faut la prendre comme elle est; ceci est sérieux. Qu'il combine, qu'il arrange, qu'il modifie, j'indemniserai en argent d'abord le journal, en autres natures de publications dans *la Presse,* en tragédies inédites, en je ne sais quoi. Je viens de rompre mon traité pour *l'Assemblée constituante* (histoire) et de rentrer dans ma liberté à cet égard. Dites-lui de m'écrire dès qu'il pourra ou de venir avec vous nous voir. Nous sommes tout seuls et tous malades. Adieu encore et mille tendresses invétérées. »

Elle se déchaîna enfin sur la France, cette crise terrible dont M. de Lamartine a dit : « Je n'ai jamais ni désiré, ni tramé la grande révolution qui a éclaté sous nos pas en 1848. » Comme l'écrivait de Madrid sir Henry Bulwer, on eut « une invasion de barbares dirigés par Orphée... Mais les chœurs se payaient bien cher : trente sous par jour ». Mme de Girardin ne s'enthousiasma point pour la jeune république. Elle écrivit, pour en attaquer les ridicules, le plus mordant, le plus incisif de tous ses courriers de Paris.

« 13 mai 1848.

« Quel dommage !... quel dommage !... Ça va être affreux, et ça pouvait être si beau ?... Votre bel espoir, hélas ! était une chimère ; votre belle république est impossible !... Ceux qui l'ont proclamée ne la comprennent pas ! Et la preuve qu'ils ne la comprennent pas, c'est qu'ils la rendent ridicule, mesquine, vaniteuse, au lieu de la faire puissante, sérieuse et digne. C'est qu'ils en font une parodie monarchique, un envers de la royauté ;

c'est que, par exemple, ils font tirer le canon chaque fois qu'ils se remuent... Faire tirer le canon des Invalides chaque fois que M. Crémieux se dérange! Allons donc! c'est se moquer d'un pays... Ah! que la république serait belle sans les républicains! »

M. de Lamartine s'inquiétait des coups donnés à son gouvernement par M. et Mme de Girardin. Il essayait d'en atténuer la vigueur et faisait, dans cet espoir, des démarches attestées par cette lettre qui porte le timbre de : Présidence du conseil des ministres :

« J'ai été bien affligé de ce que vous ayez si mal compris et si mal accueilli la démarche toute de tendre intérêt de Mme de Lamartine. Vous ne vous doutez, ni vous ni votre mari, de la réalité des choses et des efforts surhumains faits par quelques hommes pour sauver tout et vous-même. Vous êtes injuste et vous le saurez plus tard.

« M. de Girardin ne comprend pas le moment. L'opposition qu'il fait en termes cruels

n'est pas à son heure. Le pays est suscep-
tible, parce qu'il est sans force encore, excepté
celles de quelques poitrines en avant. Con-
seillez-lui de se contenir. Dès que le pouvoir
de la République sera créé et soutenu régu-
lièrement, l'opposition ne s'effarouchera plus.
Mais à présent, au dedans comme au dehors,
la colère ne vaut rien. Je vous le dis, non en
gouvernant, mais en ami quand même.
Bonne volonté de tous pendant dix-sept jours
encore et tout sera sauvé. Mais, s'il n'aide pas
à passer ces dix-sept jours, tant pis pour tout
le monde.

« Ne croyez pas, du reste, que j'implore
une cessation de feu pour le gouvernement.
Ce n'est pas ma pensée. Mais je vous parle
au nom de la société en péril et de circonstances qui vous sont inconnues, mais qui
sont graves. N'y voyez que de l'amitié et
point de faiblesse. »

Quand M. de Lamartine avait rêvé je ne
sais quelle république humanitaire, quelle
cité idéale, quelle Athènes française dont il

eût été le Périclès, il se faisait assurément de bien grandes illusions. Constatons toutefois que la révolution du 24 février ne fut pas aussi stérile que l'ont été celles du 4 septembre et du 18 mars. Le grand poète, dans son court passage au pouvoir, eut du moins le mérite d'abolir la peine de mort en matière politique, le suffrage restreint, l'esclavage, la contrainte par corps, l'exposition publique, les châtiments corporels dans la flotte. Il réalisa son programme, en faisant prévaloir des idées généreuses et civilisatrices. Aussi, Mme de Girardin, qui fut si impitoyable pour le général Cavaignac, qui, exaspérée par l'inique détention de son mari, se transforma en Némésis et poussa un tel cri de colère qu'à sa voix les portes de la prison du captif se rouvrirent, Mme de Girardin conserva pour le rôle de M. de Lamartine un véritable respect.

Au moment où, vaincu et meurtri, il subissait ces changements de popularité et de fortune si fréquents dans notre pays, elle lui consacrait, comme un pieux hommage, la plus grande partie de la dernière de ses *Lettres parisiennes*, cette lettre éloquente entre toutes, datée du 3 septembre 1848, où elle disait :

« Il y a deux partis qui se disputent la France en ce moment; aucun des deux ne nous attire : le parti de ceux qui veulent tout garder, le parti de ceux qui veulent tout prendre; le parti des égoïstes, le parti des envieux. Les uns ont un mot charmant, qu'ils affectionnent, qui résume toute leur pensée : « Fusiller! fusiller! » Les autres ont aussi leur mot favori, également affectueux, qui dévoile tout leur système : « Guillotiner! guillotiner! »

Dans cette lettre, où l'éloquence allait jusqu'au lyrisme, M^mo de Girardin se faisait l'avocate de l'ami que trahissait la fortune.

« Dieu, s'écria-t-elle, n'a pas mis sur une même tête une triple couronne de poète, d'orateur, d'historien, pour la frapper tout à coup de démence. Dieu n'a pas pris plaisir à familiariser ainsi un homme de génie avec toutes les royautés, pour permettre qu'une royauté de plus l'étonne et l'enivre comme un Masaniello éperdu!... Le pauvre pêcheur du rivage peut devenir fou en atteignant si vite au trône populaire; l'habitant des vallées a le vertige, transporté tout à coup sur les pics sublimes; mais le poète?... c'est l'habitant naturel des hauteurs, son œil est exercé au piège des profondeurs terribles; il est accoutumé à regarder le monde à ses pieds, à mesurer l'espace, à interroger l'abîme. Pourquoi donc aurait-il le vertige du trône? Pour y parvenir, il ne monte pas, il descend. »

M. de Lamartine, le jour même où parut ce *Courrier de Paris*, chant du cygne du vicomte de Launay, écrivit la lettre de remerciements suivante :

« 3 septembre 1848.

« J'ai lu comme tout le monde le *Courrier*, mais j'y ai reconnu plus que tout le monde un signe de plume qui veut dire tendre et ancienne amitié. La mienne y répond d'un

signe aussi d'attachement et de reconnaissance bien arriérés. Il m'en coûte beaucoup
de ne pas aller vous répondre de vive voix.
Mais la République est si jalouse qu'elle
croirait que je la trahis pour une femme
auprès de laquelle on a trop récemment
médit, non de la République, mais des républicains. A d'autres jours donc, et j'espère
qu'ils se lèveront bientôt. La République une
fois tranquille, j'espère qu'elle ne mettra plus
sa main entre les cœurs.

« En attendant, mille tendresses jamais
une minute altérées. »

Sans nuire à l'amitié de M. de Lamartine
et de Mme de Girardin, les dissentiments
rendirent leurs relations un peu moins fré-
quentes que par le passé. Le grand poète
avait eu l'illusion que, malgré sa chute, il
conservait des chances pour le fauteuil de
président de la République. Peut-être fut-il
un peu froissé que son admiratrice, au lieu
d'appuyer cette candidature, partageât l'ardeur de M. de Girardin pour celle du prince

Louis-Napoléon. Cependant M. de Lamartine comptait encore parmi les familiers du petit hôtel de la rue de Chaillot, qui fut la dernière des résidences de son amie (1). Cette maison, bâtie sur le modèle de l'Erechteum, avec ses cariatides, sa pelouse, sa fontaine, ses marronniers touffus voilant à demi la façade du côté des Champs-Élysées, convenait bien à la femme qu'on avait justement appelée *la dixième Muse*.

« Que de fois, a dit Théophile Gautier, que de fois nous sommes revenus à deux ou trois heures du matin, avec Victor Hugo, Cabarrus et ce pauvre Théodore Chasseriau, au clair de lune ou à la pluie, de ce temple grec qu'habitait une Apolline non moins belle que l'Apollon antique ! Libres soirées, intimités délicieuses, conversations étincelantes, dialogues du génie et de la beauté, banquet de Platon, dont les propos eussent dû être recueillis par une plume d'or !... »

---

(1) M. et Mme de Girardin s'installèrent en 1844 dans l'hôtel de la rue de Chaillot.

Et Alexandre Dumas s'est écrié :

« Là nous avons passé de bien bons, de bien doux, de bien joyeux moments, que nous ne comptions pas, qui s'envolaient sans nous toucher, si bien que minuit, une heure, deux heures du matin étaient venus, que nous parlions encore de faire notre prière de l'*Angelus*. Charmant esprit qui planez au-dessus de nous, qui faisait ces heures si rapides et si légères? — Vous, la raillerie douce; vous, le récit animé; vous, la grâce adorable; vous, la repartie fine; vous, la bonté sainte; vous, la femme; vous, la sœur; vous, l'amie. — Enfin nous nous quittions, nous revenions presque toujours, Méry, mon fils et moi, Cabarrus souvent, Victor Hugo quelquefois, nous revenions par les longues allées désertes, en disant de vous, soyez-en sûre, amie, ce que jamais courtisans n'ont dit d'aucune reine. »

Mme de Girardin, dans les dernières années de sa vie, s'occupa beaucoup d'œuvres théâ trales. Les obstacles qu'elle avait rencontrés sur sa route, les jalousies de métier, les mesquines et vulgaires intrigues des coulisses, rien ne la décourageait. Elle apportait dans sa vocation nouvelle l'esprit de suite, la vigueur d'initiative, l'énergie presque masculine qui la caractérisaient. Alexandre Dumas a ainsi raconté combien il en était frappé :

« Quand nous nous trouvions nous deux seuls par hasard, et que vous me demandiez avec la naïveté du génie : — Dites-moi donc comme on fait du théâtre? — Que vous me disiez vos luttes sans cesse renaissantes, presque toujours invincibles de l'art, que vous me désespériez, que vous preniez votre belle tête entre vos mains, et que vous vous écriiez : — Je vous jure que, pour une femme, c'est à en devenir folle, — en vérité, ma sœur, rien n'était plus grand que votre doute, plus sublime que votre impuissance. Puis arrivait le succès qui vous donnait tort sans vous convaincre, qui vous étonnait sans vous enorgueillir. »

Mme de Girardin avait débuté, comme auteur dramatique, par une comédie en cinq actes et en vers, *l'École des Journalistes*, qui fut reçue à l'unanimité par le comité du Théâtre-Français, le 21 octobre 1839. Pleine de verve et de talent, cette pièce était variée comme le journaliste moderne, où il y a un peu de tout : du vaudeville, de la comédie, de la tragédie, du mélodrame. La censure, sous prétexte des allusions qu'elle croyait y voir, en défendit la représentation. M. de Lamartine écrivit alors à l'auteur :

« Pas de compliments. Heureusement il n'y en a pas à faire. C'est ce que vous avez écrit de plus parfait, et ce qu'on a écrit de mieux en satire et en comédie réelle depuis Gresset. Nous avons passé la soirée à lire, porte fermée, et même à relire. Ce matin, j'ai vu plusieurs personnes du même sentiment.

« Vos amis jouissent donc pleinement. Qu'importe le théâtre ? Vous avez le monde ; c'est plus grand.

« Tout à vous de cœur. »

Le 18 avril 1843, Mme de Girardin fit représenter au Théâtre-Français une tragédie biblique en trois actes, *Judith*, qui fut la première création de Mlle Rachel. Cette œuvre, remarquable comme idée et comme exécution, n'eut qu'un succès d'estime. Elle contenait pourtant de bien beaux vers.

Le 13 novembre 1847, eut lieu, aux Français, la première représentation de *Cléopâtre*, tragédie en cinq actes, qui fut un double triomphe pour Mme de Girardin et pour Mlle Rachel, son admirable interprète. La grande tragédienne était sublime dans ce beau tableau du second acte, où, entourée d'une cour de devins et de mages, elle se plaignait de l'implacable azur du ciel, et dans la magnifique apostrophe au soleil, où elle s'écriait :

O soleil africain ! dieu du jour ! dieu du feu !
Des plus chastes efforts toi qui te fais un jeu,
Et, sans pitié, riant de nos promesses vaines,
Fais courir tes ardeurs dans le sang de nos veines,
Sois maudit ! Pour m'avoir attiré cet affront,
Tu m'as souillé le cœur, tu m'as noirci le front !
Tes bienfaits sont menteurs, tes rayons sont des armes

Tu fécondes la terre en dévorant ses larmes!
Sois maudit!... Puisse un jour ta fatale clarté
Disparaître... et manquer au monde épouvanté!
Je voudrais assister à ta dernière aurore,
Voir sombrer dans les flots ton sanglant météore,
Et seule, au bord des mers, loin du monde et du bruit,
Respirer la fraîcheur de l'éternelle nuit!

M. de Lamartine écrivit à Mme de Girardin cette lettre de félicitations :

« Monceaux, 18 novembre 1847.

« Nous attendions, comme dans la coulisse, le succès de *Cléopâtre*. Vous savez que je n'en doutais plus depuis Saint-Point. Il dépasse tout ce qui s'est vu. La France, même jalouse, paraît unanime. Un cœur se mêle à toutes ces voix, c'est le mien, ou plutôt c'est le nôtre; car tout Mâcon est enthousiasmé. On sait que cet enthousiasme a son écho à Saint-Point. Soyez sinon heureuse, au moins glorieuse. Jamais aucune femme n'avait eu ce triomphe tout viril depuis Vittoria Colonna; à qui vous ressemblez de traits, de génie et, je crois, aussi d'héroïsme.

« Nous avons eu hier ici trente personnes

à dîner et à coucher d'Italie, d'Angleterre, de Paris, de partout : les Marcellus, Ronchaud, Granet, Ponsard, etc. Ce n'était qu'un cri.

« Adieu. Reposez-vous et jouissez pendant que nous battons des mains.

« Moi j'écris dans la nuit un petit livre intitulé *Raphaël*, ou *Pages d'amour*. Je vous le lirai.

« Toute la famille est à vous. »

Le 1er mai 1851, elle faisait jouer, aux Français, un joli proverbe en un acte et en vers : *C'est la faute du mari*, où il y avait des vers si touchants sur l'amour conjugal :

Oui, déjà tout enfant, j'adorais mon mari.
Le brillant avenir qui me montait la tête,
C'était l'amour permis et le roman honnête;
C'était de vivre seuls, ensemble, au coin du feu;
C'était d'aimer beaucoup et d'être aimée... un peu.
Je ne demandais point une passion folle,
Mais cet accent du cœur dans la moindre parole,
Ce sourire attendri, ce regard fier et doux,
Qu'un amour protecteur laisse tomber sur vous;
Cette précaution inquiète, empressée,
Ce transparent souci d'une ardente pensée
Qui vous révèle tout en ne vous disant rien..

Le 10 février 1853, nouveau succès.

On applaudissait une comédie en cinq actes et en prose, *La iy Tartuffe*, où M^llo Rachel se surpassait, et où il y avait des caractères tracés de main de maître : le maréchal d'Estigny, Virginie de Blossac et Jeanne de Clairmont. Le quatrième acte était un chef-d'œuvre de grâce et de délicatesse. La même année, Mme de Girardin avait publié un roman exquis, *Marguerite, ou Deux Amours*, et l'une de ses meilleures nouvelles : *Il ne faut pas jouer avec la douleur.*

Marguerite est, selon nous, l'œuvre la plus pénétrante de Mme de Girardin; son talent grandissait sans cesse. Autant *Cléopâtre* était supérieure à *Judith*, autant *Marguerite* l'emportait sur *le Marquis de Pontanges*. Ce qui était factice avait disparu. L'émotion était de plus en plus sincère, de plus en plus communicative. A première vue, l'idée du roman de *Marguerite* semble paradoxale, presque absurde. Une femme qui a simultanément deux amours, deux amours vrais, deux amours profonds, cela paraît d'abord insensé. Et pourtant, en étudiant bien

cette œuvre féminine entre toutes, on se dit :
cela a dû être. Y eut-il jamais une analyse
plus fine, une connaissance plus merveilleuse
de cet abîme insondable : le cœur d'une
femme à la mode? Qui a mieux exprimé tout
ce qu'il peut y avoir d'angoisses intimes, de
tourments secrets dans l'imagination, dans
l'esprit, dans la conscience de ces reines de
la mode, si enviées, si adulées, si heureuses
à la surface, et souvent si à plaindre dans les
profondeurs de leur âme? Qui a mieux saisi
les contradictions, les inconséquences, les
combats de ces beautés fatales aux autres,
comme à elles-mêmes, qui, dans leurs agitations douloureuses, ne savent plus même où
placer leur espérance et leur désir? Je ne
connais pas de morceau plus achevé que l'introduction de *Marguerite*. Nulle part on n'a
mieux décrit cette conspiration acharnée de
la destinée et du monde contre deux êtres qui
s'aiment.

« La société tout entière se ligue contre
eux. Les femmes, les hommes, en les mon-

trant du doigt, se disent avec rage : — Ils s'aiment ! c'est-à-dire : Ils nous méprisent, et nous ne sommes plus rien pour eux ! Ils s'aiment ! c'est-à-dire : ils passent devant nous sans nous voir ; ces richesses que nous avons acquises avec tant de peine, ils n'en font point de cas ; ces titres pompeux auxquels nous avons sacrifié notre cœur et notre jeunesse, ils ne les désirent point ; ils ont un orgueil plus haut que notre orgueil ; ils possèdent un trésor plus précieux que nos trésors... ils ont leur amour ! Ils ne connaissent rien de nous que nos défauts, et ils en rient ensemble. En effet, cette fidélité est un outrage ; ces deux êtres qui se suffisent à eux-mêmes, qui vivent isolés dans la foule, sont des révoltés qu'il faut punir... — Et la société tout entière s'entend pour faire justice de leur insolent bonheur. »

Ah ! comme on respire bien, dans le roman de *Marguerite,* ce parfum enivrant, mais mortel, ce poison exquis, l'amour ! L'amour, que guettent sans cesse le malheur et

8.

la mort, divinités jalouses; l'amour qui ne
vit que par la souffrance; l'amour qui « cesse
avec le bonheur, car l'amour heureux c'est
la perfection des plus beaux rêves, et toute
chose parfaite ou perfectionnée touche à sa
fin »; l'amour qui se fait jaloux sans motif,
de peur de l'être avec justice, qui sent que
les tortures sont les garants de sa durée, et
qui invente mille peines, afin de vivre plus
longtemps; l'amour qui brûle plus qu'il n'é-
claire, qui tourmente plus qu'il ne console,
et qui, pour quelques pleurs de joie, fait verser tant de pleurs de désespoir!

Quelle figure originale et charmante que
celle de cette Marguerite, qui hésite de si
bonne foi entre deux hommes, l'un idéal du
dévouement, l'autre prodige de la séduction,
qui tous deux l'aiment jusqu'à l'idolâtrie! Et
tous deux méritent si bien sa tendresse! Ils
ont prouvé tous deux par de si nobles ac-
tions, de si beaux traits de courage, des sentiments si délicats, qu'ils sont dignes de
demander sa main! Ses perplexités sont si
explicables, ses luttes si déchirantes! Pauvre

femme! Elle ne s'est pas plutôt prononcée pour l'un de ses deux prétendants que l'autre se tue. Le remords l'accable. Et cependant elle tient sa parole. Brisée de douleur, elle se marie avec l'homme qu'elle a eu le malheur de préférer. De sa chambre de malade on fait une chapelle, et cette chapelle est un lieu d'extase. Une madone de Murillo domine l'autel. Des candélabres dorés l'éclairent. De hauts camélias sortant de vases magnifiques l'entourent de leurs rameaux en fleurs. Mais c'est une noce funèbre. Quand l'époux passe au doigt de l'épouse l'anneau nuptial, il sent une main glacée. Marguerite reste immobile comme la statue de la prière. Marguerite est morte. Le testament contient le secret de son âme : « J'ai bien combattu, mais je n'ai pu vaincre ces deux puissances rivales. Deux amours de nature différente se sont, malgré moi, partagé mon cœur : à l'un je n'ai pu résister, à l'autre je ne puis survivre. »

La femme qui a écrit un pareil roman n'est pas seulement une femme d'esprit, c'est une femme de génie.

En 1854, Mme de Girardin faisait représenter, le 25 février, aux Français, *la Joie fait peur*, ce sanglot qui se termine par un transport d'allégresse surhumaine ; le 16 décembre, au Gymnase, *le Chapeau d'un horloger*, cet éclat de rire intarissable. En 1855, elle méditait de nouvelles œuvres, quand elle fut arrêtée au milieu de sa course, dans toute la jeunesse de son talent, dans tout l'éclat de son esprit (1).

L'heure fatale approchait. Mme de Girardin avait ressenti les premières atteintes du même mal que Napoléon Ier : un cancer à l'estomac. Théophile Gautier nous l'a décrite dans cette crise suprême :

« Sa beauté avait pris un caractère de grandeur et de mélancolie singulier. Ses traits idéalisés, sa pâleur transparente, la molle

______

(1) Les Œuvres complètes de Mme Émile de Girardin ont été réunies en six beaux volumes publiés chez Plon, sous les auspices de M. de Girardin. Cette édition remarquable est un monument élevé à la gloire de la femme la plus spirituelle du XIXe siècle.

langueur de ses poses ne trahissaient pas les ravages sourds d'une maladie mortelle. A demi couchée sur un divan et les pieds couverts d'une résille blanche et rouge, elle avait plutôt l'air d'être convalescente que malade. »

Ses amis ne voulaient pas croire à la gravité du mal. « On rêvait pour elle une vieillesse sereine et majestueuse, pleine de jours, d'œuvres et de gloire, et l'on donnait au temps bien des années pour changer en bandeaux d'argent les longues spirales d'or qui accompagnaient cette belle figure, dont le pinceau, le burin et le crayon avaient popularisé les traits. » Malgré d'atroces souffrances, elle se ranimait encore et reprenait les couleurs de la vie, à ces hauts entretiens d'art et de sentiment où elle excellait. Méry a raconté l'un des derniers dîners qu'elle présida : « Elle avait son noble visage un peu amaigri, et ses grands yeux bleus brûlaient du feu de la fièvre. Elle ne mangeait pas, et, emportée par la verve, elle eut un tel accès d'inspiration, que nul de nous n'avait jamais vu ni entendu rien de pareil, et ne le verra ni ne l'entendra plus. Elle passait d'un sujet à l'autre, laissant sur toute chose une trace lumineuse, tantôt brillante comme Rivarol, tantôt mordante comme Chamfort, souvent poétique comme Corinne. Nous étions tous dans l'admiration, et lorsqu'on se leva : — Qu'elle est belle et que d'esprit! dit George Sand, qui était restée silencieuse devant cette improvisation étonnante où se mêlaient la fièvre, l'esprit et le génie. »

Mais, après ces éclairs d'inspiration et de verve, la noble malade retombait dans l'abattement. Elle commençait, d'ailleurs, à se sentir dépaysée dans une époque qui n'avait plus le goût de la grande littérature, et où l'art se vulgarisait. Sans doute, on applaudissait ses œuvres. On pleurait autant à *la Joie fait peur* qu'on riait au *Chapeau de l'horloger*. Mais ce n'était plus ce public amoureux de l'art, ivre de poésie et de romantisme, dont les fécondes sympathies ont fait éclore tant de chefs-d'œuvre. Elle n'avait pas de confiance dans cette jeunesse positive, calculatrice, ennuyée et, par conséquent, ennuyeuse, qui ne sait ni aimer ni admirer, qui n'a ni foi ni espérance. Théophile Gautier, dont les dernières années ne furent pas moins assombries (1), a parfaitement rendu cette disposition d'âme de Mme de Girardin.

« Quoiqu'elle fût tendrement dévouée à son mari, dont elle avait épousé les luttes, que la gloire, le succès, la fortune, tout ce qui peut faire aimer la vie, lui fussent arrivés à souhait, que des amis fidèles et sûrs l'entourassent, elle semblait secrètement désirer d'en finir. Ce temps ne lui plaisait plus; elle trouvait que le niveau des âmes s'abaissait, et déjà elle cherchait à pressentir l'autre monde, en causant avec les esprits qui habitent les tables. Comme Leopardi, le poète

(1) Voir le remarquable livre posthume d'Ernest Feydeau : *Théophile Gautier. Souvenirs intimes.* Un vol. Chez Plon.

italien auquel de Musset a adressé de si beaux vers, elle semblait rêver le charme de la mort. Quand l'ange funèbre est venu la prendre, elle l'attendait depuis longtemps. »

Elle épanchait en rêveries délicieuses ses chagrins et ses pressentiments, et composait son *Chant de la Nuit* si poétique, si féminin :

> Voici l'heure où tombe le voile
> Qui, le jour, cache mes ennuis ;
> Mon cœur, à la première étoile,
> S'ouvre comme une fleur des nuits !
>
> O nuit solitaire et profonde,
> Tu sais s'il faut ajouter foi
> A ces jugements que le monde
> Prononce aveuglément sur moi.
>
> Tu sais le secret de ma vie,
> De ma courageuse gaite ;
> Tu sais que ma philosophie
> N'est qu'un désespoir accepté.
>
> Pour toi je redeviens moi-même ;
> Plus de mensonges superflus ;
> Pour toi je vis, je souffre, j'aime,
> Et ma tristesse ne rit plus...
>
> Après un long jour de contrainte,
> De folie et de vanité,
> Il est doux de languir sans feinte
> Et de souffrir en liberté.

Oh ! oui, c'est une amère joie
Que de se jeter un moment,
Comme une volontaire proie,
Dans les serres de son tourment...!

O nuit ! pour moi brillante et sombre,
Je trouve tout dans ta beauté :
Tu réunis l'étoile et l'ombre,
Le mystère et la vérité.

Mais déjà la brise glacée
De l'aube annonce le retour ;
Adieu, ma sincère pensée ;
Il faut mentir!... Voici le jour.

S'il fallait résumer en un mot l'âme des privilégiés du génie et de la gloire, il faudrait dire : « Tristesse ». Tristesse du cœur, tristesse de l'esprit, tristesse de l'imagination, voilà leur destinée. L'intelligence et la mélancolie sont sœurs. Qui peut jeter un coup d'œil sur l'abîme de la vie sans amertume et sans angoisse ? Qui peut regarder sans frémir un berceau ou une tombe ? Qu'importe le suffrage du public ? Qu'importe que telle pièce de vers soit plus ou moins bien rimée, que les situations de tel roman soient plus ou moins neuves, que les traits d'esprit de

telle chronique soit plus ou moins étince-
lants? Le problème de la vie humaine est-il
plus facile à résoudre, le mal plus explicable,
la douleur moins poignante, la mort moins
mystérieuse et moins terrible? Non, les
grands inspirés de la mélancolie ne sont pas
des imposteurs. Sincères sont leurs regrets,
sincères leurs larmes, intimes et profondes
leurs souffrances. Non, ils ne nous trompent
pas quand, cherchant quelque consolation,
cueillant quelque fleur sur leur route, ils s'arrêtent tout à coup et s'écrient, comme le
chantre de *Rolla* :

Je ne puis; malgré moi l'infini me tourmente.

L'homme le plus adulé de son siècle,
Lamartine, a eu des lamentations dignes de
Job : « Les années, comme les fantômes de
Macbeth, passent leurs mains par-dessus
mon épaule, me montrant du doitgt non des
couronnes, mais un sépulcre. Plût à Dieu
que j'y fusse déjà couché! Je compte une
à une en les sentant toutes, mais sans en
maudire aucune, les pierres de ma lapida-

tion. » Elle était triste aussi, cette admirable Mme de Girardin, qui avait eu pourtant une merveilleuse aurore, une journée magnifique, qui s'était avancée dans la vie au milieu d'un cortège de muses et de fées bienfaisantes; elle qui marchait dans un lumineux sillon comme les déesses; elle qui avait connu tous les succès, tous les éblouissements, toutes les magies, tous les prestiges !

Ce fut le 29 juin 1855 qu'elle rendit le dernier soupir. Douce et courageuse avec la mort, comme elle l'avait été avec la vie, elle fit venir un prêtre.

«.Elle était chrétienne, cette âme forte qui, voyant venir de loin la mort, l'attendait avec calme, la défiait en invoquant Celui qui est la résurrection et la vie. Elle était chrétienne, cette femme du monde élégant et spirituel, qui, trop fière pour fléchir devant les puissants de la terre, se prosternait humblement aux pieds du ministre du Christ qu'elle avait appelé, courbant, par son exemple, tous les fronts autour d'elle sous l'œil de Dieu (1). »

Elle avait dit, bien des années auparavant, le jour des funérailles du général Foy : « Voilà comment je voudrais mourir au milieu de tant d'hommes illustres, et de tant de femmes en deuil. » Le vœu de Mme de Girardin devait se réaliser.

« Quand le bruit de cette mort se répandit dans Paris, on crut sentir que le niveau d'intelligence, de sentiment et de gloire du siècle avait baissé en une nuit d'une grande âme. Ceux qui ne la connaissaient que de nom la pleurèrent; ceux qui l'aimaient ne se consoleront jamais... Les salons mornes, où tout le siècle avait passé sous le charme de son entretien et surtout de sa bonté, les cours, le jardin, l'avenue même des Champs-Élysées n'étaient pas assez vastes pour contenir l'immense concours d'hommes de cœur et

(1) Paroles prononcées par M. l'abbé Mitraud sur la tombe de Mme de Girardin, le 2 juillet 1855.

d'hommes de nom qui se rencontraient, sans s'être concertés, au pied de ce cercueil. Chacun y apportait un tribut, un souvenir, un charme, une piété, presque une reconnaissance; pas un seul une amertume (1). »

Ce fut dans les journaux une explosion unanime de regrets et d'hommages.

Le monde littéraire pleurait celle qui avait été sa reine.

Victor Hugo, du fond de son exil volontaire de Jersey, lui adressa un adieu qui était digne d'elle, et qui retentira d'âge en âge :

Jadis je vous disais : — Vivez, régnez, Madame!
Le salon vous attend! le succès vous réclame!
Le bal éblouissant pâlit quand vous partez!
Soyez illustre et belle! Aimez! Riez! Chantez!
Vous avez la splendeur des astres et des roses.
Votre regard charmant où je lis tant de choses
Commente vos discours légers et gracieux.
Ce que dit votre bouche étincelle en vos yeux.
Il semble, quand parfois un chagrin vous alarme,
Qu'ils versent une perle et non pas une larme.
Même quand vous rêvez, vous souriez encor.
Vivez, fêtée et fière, ô belle aux cheveux d'or !

______

(1) LAMARTINE, *Cours familier de littérature.*

Maintenant, vous voilà pâle, grave, muette,
Morte et transfigurée, et je vous dis : — Poète!
Viens me chercher! Archange ! être mystérieux!
Fais pour moi transparents et la terre et les cieux!
Révèle-moi, d'un mot de ta bouche profonde,
La grande énigme humaine et le secret du monde!
Confirme en mon esprit Descarte ou Spinosa!
Car tu sais le vrai nom de celui qui perça,
Pour que nous puissions voir sa lumière sans voiles,
Ces trous du noir plafond qu'on nomme les étoiles!
Car je te sens flotter sous mes rameaux penchants!,
Car ta lyre invisible a de sublimes chants!
Car mon sombre océan, où l'esquif s'aventure,
T'épouvante et te plaît; car la sainte nature,
La nature éternelle, et les champs, et les bois,
Parlent à ta grande âme avec leur grande voix !

Le testament de Mme de Girardin, daté de Paris, 8 août 1844, était ainsi conçu :

« Je ne veux pas qu'on ouvre mon corps. — Je veux être enterrée dans le cimetière de la paroisse où je mourrai. — Si je meurs hors de France, on coupera mes cheveux, on les rapportera à ma famille. Si l'on peut rapporter mon corps sans l'embaumer, on le rapportera, mais je ne veux pas qu'on le touche. — Si je meurs au printemps, on mettra quelques fleurs autour de mon cercueil sur le corbillard. — On mettra sur ma tombe une croix pour seul ornement. — Je nomme Émile de Girardin, mon mari, mon légataire universel et mon exécuteur testamentaire. — Ma famille n'a rien à réclamer de lui, je ne lui ai rien apporté en mariage. Je n'ai que la propriété de mes œuvres, je la lui donne. — J'adopte pour mon fils, Alexandre, toute ma maison et ma famille m'ont vu donner des soins à cet enfant, qui a cinq ans aujourd'hui. — Je prie Émile de faire, en mon nom, présent à Anatole O'Donnel, mon neveu, et à Paul Garre, mon filleul et neveu, d'une somme de cinq mille francs à chacun. — J'estime à dix mille francs la moitié de la valeur de mes ouvrages pendant vingt ans, savoir : dix mille francs à mes neveux, dix mille francs à mon mari.

« Delphine GAY DE GIRARDIN. »

Au testament était jointe une lettre, dans laquelle Mme de Girardin disait à son exécuteur testamentaire :

« Priez M. de Lamartine d'achever mon poème de la *Madeleine*, auquel il manque des chants, et qui est celui de mes ouvrages poétiques auquel j'attache le plus de prix pour ma mémoire. J'attends cela de son souvenir pour moi. J'ai beaucoup espéré autrefois de l'amitié de M. de Lamartine. Je l'ai toujours trouvé gracieux et bon avec moi; mais jamais complètement dévoué. Cette froideur a été mon premier désillusionnement dans la vie. Quand je serai morte, il ne me refusera pas d'exaucer le dernier vœu de mon cœur. »

Ce désir ayant été communiqué à M. de Lamartine par Mme Garre, la digne sœur de Mme de Girardin, il lui répondit la lettre suivante :

« Paris, 20 juillet 1855.

« MADAME,

« J'ai été vivement touché de cette confiance venant d'au delà du tombeau, et de la lettre où vous exprimez vous-même un vœu qu'il m'eût été doux de remplir. Mais je n'ai plus ni l'âge, ni l'inspiration, ni même la convenance des beaux vers. Je flétrirais ce que j'aurais la témérité de toucher. Songez que la lettre de M^mo de Girardin est de 1835, et que nous sommes en 1855; le temps, hélas! a marché pour tous.

« Mais, si je ne puis exaucer un vœu pareil, je puis l'interpréter. Il me semble qu'une biographie entière de la femme unique que la France a perdue, écrite avec le culte de sa mémoire, et échauffée par la reconnaissance à son amitié, vaudrait mieux en tête de ce volume que des chants posthumes d'un poète qui n'a plus de voix. Si vous en jugez ainsi, j'accomplirai avec un réel bonheur ce pieux devoir. Il faudra seulement m'envoyer quelques noms, quelques dates, quelques notes sur la vie et sur les œuvres.

« Je pars demain pour Mâcon, où vos lettres me trouveront toute la saison.

« Agréez, avec mes douloureuses condoléances, Madame, l'assurance de mon respectueux attachement à toute une famille qui a fait partie de mes meilleures amitiés. »

9.

M. de Lamartine a développé les mêmes idées dans son *Cours familier de littérature.*

« Hélas! a-t-il dit, la prière arrive trop tard pour être exaucée; la sève des beaux vers tarit avec le printemps, comme celle des roses. Le poème, commencé par une main, achevé par l'autre, ne serait plus qu'un lugubre concert à deux voix, dont l'une est morte et l'autre est éteinte. Ce poème religieux s'achèvera pour elle dans le ciel. Je n'y toucherais que pour le décolorer sur la terre. — Et quant au tendre reproche qu'elle m'adresse du fond de son cercueil sur la froideur et sur la déception de mon amitié pour elle, ce reproche serait pour moi un cruel remords, si ce n'était un malentendu de nos deux existences. Dans la jeunesse, nos cœurs, remplis d'autres sentiments, ne pouvaient se rencontrer que dans ces inclinations d'esprit un peu tièdes qui ont la température des convenances et non la chaleur des grandes affections. Plus tard, la politique domestique de sa maison, qui n'était pas toujours la mienne, commanda quelques réserves réciproques dans notre intimité. Je la vis rarement, et comme on voit en trêve une amie d'une autre faction entre deux combats. Le respect de ma propre cause me défendait une trop grande assiduité dans son salon ; son nom se confondait avec le nom d'un homme d'idées éminent, souvent bienveillant pour moi, quelquefois hostile à mes amis. — Mais jamais mon amitié réelle, constante et tendre, ne souffrit de cette réserve, et, quand nous nous retrouverons dans la sphère des sentiments sans ombre et des amitiés éternelles, elle reconnaîtra qu'elle n'a laissé à personne, en quittant cette terre, une plus vive image de ses perfections dans le souvenir, une plus pure estime de son caractère dans l'esprit, un vide plus senti dans le cœur, une larme plus chaude et plus intarissable dans les yeux. »

M. de Lamartine avait raison de regretter Mme de Girardin. En la perdant, il perdait une amie, une consolatrice. Jamais elle ne l'aurait abandonné, et il est certain qu'elle ne

lui eût jamais adressé, en 1855, le reproche
qu'elle lui fit dans son testament en 1844. Si
elle eût vécu plus longtemps, il n'aurait pas
pu dire : « Sans le dévouement d'une nièce
chérie, je serais seul. » Elle l'aurait entouré de
soins et d'affection à ces heures d'isolement
où, suivant la belle expression de M. Émile
Ollivier, on eût dit qu'ayant lui-même délié
son âme, il attendait, en spectateur silen-
cieux, qu'elle prît son vol.

Ah! qu'est-elle devenue, la maison aux
blanches colonnes, le petit temple auquel il
ne manquait que l'olivier sacré? Comme on
a eu raison de dire que, si le temps est destructeur, l'homme est plus destructeur encore, *tempus edax, homo edacior!* Du temple
grec, il ne reste rien, non, rien, pas même
des ruines. Et rue Laffitte, qui reconnaît la
maison qu'habita, aux plus brillantes années de sa jeunesse et de sa gloire, la femme
la plus spirituelle de son temps?

> Ainsi tout change, ainsi tout passe,
> Ainsi nous-mêmes nous passons,
> Hélas! sans laisser plus de trace

> Que cette barque où nous glissons
> Sur cette mer où tout s'efface.

L'autre jour (le 17 avril 1874), à six heures du matin, une exhumation a eu lieu au cimetière Montmartre. C'était celle du cercueil de Mme de Girardin. Sa tombe occupe le centre d'un petit jardin rempli de fleurs sans cesse renouvelées. Sur le marbre est une simple croix en relief, avec cette inscription tirée du testament de la morte :

« On mettra sur ma tombe une croix pour seul ornement.

8 AOUT 1844.

DELPHINE GAY DE GIRARDIN (ÉMILE).

« MORTE LE 29 JUIN 1855. »

Cette exhumation, à laquelle M. de Girardin assistait, a eu lieu pour faire place à côté à une autre tombe d'attente. Sur la dalle mortuaire le marbrier gravera ces deux lignes :

> La mort les avait séparés.
> La mort les a réunis.

Et maintenant, quand sa modeste tâche est

terminée, quand je ferme ce cahier de précieux manuscrits, que je ne touchais qu'avec
respect, quand je vais rendre à qui de droit
ces lettres qui m'ont permis de converser,
pour ainsi dire, avec deux ombres illustres, je
me sens ému et attendri. Je ne quitte qu'avec
peine ce travail qui m'a tant attaché, et je
regrette aussi qu'un pareil trésor n'ait pas été
confié à de meilleures mains.

Souvent, en étudiant la vie de morts célèbres, j'ai ressenti cette impression de pieuse
frayeur qu'on éprouve devant leur tombeau.
Mais jamais ce culte du passé, cette vénéra-
tion pour de grandes mémoires ne m'avait si
fortement saisi le cœur. C'est qu'il n'y a rien
de vivant comme les autographes. Ces lettres,
qui semblent écrites d'hier, nous font à chaque instant nous dire : Se peut-il bien que la
main qui les a tracées soit réduite en poussière ? On se demande pourquoi le temps qui
respecte une feuille de papier, quelques caractères écrits à la hâte, est si impitoyable
pour les grands cœurs, qui sont l'honneur et
la consolation de la nature humaine. On se

demande pourquoi le génie n'a pas raison de la mort.

Hélas ! elle disparaîtra bientôt tout entière jusqu'à son dernier survivant, cette splendide génération littéraire qui a tant fait pour la gloire de notre malheureuse patrie ! Encore un peu de temps, et il ne restera plus ni aucun de ces vétérans du premier Empire, qui avaient subjugué l'Europe, ni un seul de ces admirables écrivains dont le génie apparaît comme une colonne de feu au milieu d'un désert. Ah ! ceux qui restent encore, respectons-les, quel que soit leur parti, leur drapeau ; entourons-les de soins et d'hommages ; ayons pour eux la déférence profonde due à d'illustres vieillards, dont l'activité, l'infatigable ardeur, devrait nous faire rougir, nous tous qui devant eux n'avons pas le droit de parler de notre jeunesse obscure et stérile. Lamartine a dit un jour à notre génération : « Prends garde que les têtes mûres sur lesquelles tu jettes la poussière de tes mépris ne dominent encore, de toute la hauteur d'un autre temps, les cheveux couronnés de roses : ce serait là le symptôme fatal de l'abaissement du niveau de l'intelligence nationale et de la diminution des proportions de l'âme parmi nous, car ce qu'il y a de plus déplorable et de plus irrémédiable dans un peuple, c'est quand la jeunesse du cœur se réfugie sous les cheveux blancs! »

Ah! gardons-nous de mériter un semblable reproche, et sachons vénérer ces deux choses vénérables qui s'appellent la vieillesse et la gloire!

LETTRES

DE CHATEAUBRIAND

LETTRES

DE CHATEAUBRIAND

Au moment où je terminais la publication des lettres de M. de Lamartine à Mme de Girardin, M. Détroyat a bien voulu me communiquer une foule de lettres adressées à cette femme d'élite par les plus grandes célébrités de l'époque : Chateaubriand, Balzac, Victor Hugo, Alexandre Dumas père et fils, George Sand, la duchesse de Duras, Jules Sandeau, Soumet, le prince Auguste de Prusse, Villemain, Eugène Sue, Mlle Rachel, Meyerbeer, Charles Nodier, Jules Janin, et tant d'autres illustrations, qu'il faudrait un dénombrement homérique pour citer. C'est de leur part un véritable concert d'éloges, une sorte d'émulation de respects et d'hommages, juste récompense de l'élévation de sentiments d'une femme qui unissait à un grand esprit un grand cœur. Le cadre étroit de la présente étude m'empêche seul de publier toute cette correspondance. Obligé de faire un choix entre tant de lettres intéressantes, je me suis décidé pour celles du plus illustre prosateur et de la plus grande artiste du siècle, Chateaubriand et Mlle Rachel, parce qu'elles montrent les deux extrémités de la carrière de Mme Emile de Girardin, et nous font assister au matin et au soir de sa vie.

La première lettre de M. de Chateaubriand à Mlle Delphine Gay consacre la célébrité naissante de la jeune fille. Elle fait songer à cette pensée de Vauvenargues : « Les feux de l'aurore ne sont pas si doux que les premiers regards de la gloire. »

C'était en 1822. La reine de Suède, Mathieu de Montmorency, la femme du général Moreau, le peintre Gérard, se trouvaient, le soir, chez Mme Récamier, à l'Abbaye-aux-Bois. La conversation tomba sur une nouvelle pièce de vers, qu'on louait avec raison, *la Pauvre Fille*, de Soumet. Mme Récamier demanda à Mlle Delphine Gay de réciter cette poésie. La jeune fille se leva, et les vers, qu'elle disait d'une manière ravissante, firent valoir l'interprète plus que le poète lui-même. Alors Mme Gay, se penchant vers la maîtresse de la maison, lui dit à l'oreille : « Demandez à Delphine de réciter quelque chose d'elle. » Delphine n'avait que dix-huit ans et personne ne soupçonnait encore son talent poétique. Un sentiment de curiosité se répandit dans l'auditoire. On pria, on supplia Mlle Gay de vaincre sa timidité. Elle finit par obéir à de si aimables prières, et dit, de la voix virginale la plus suave, la plus pénétrante, son petit poème intitulé : *le Dévouement des Sœurs de Sainte-Camille*. La nymphe était une muse. L'enthousiasme fut général. Delphine Gay s'embellissait, en récitant ses vers, comme ces grandes cantatrices qui s'idéalisent en chantant. Quelque temps après, le secrétaire perpétuel de l'Académie française disait dans son rapport sur le concours de poésie et d'éloquence de l'année 1822 :

« Si l'auteur du n° 103, en ne traitant
qu'une partie du sujet, n'avait donné pour
excuse et son sexe et son âge, l'Académie, à
la perfection et au charme des vers, aurait pu
considérer l'œuvre comme émanée d'un talent
exercé dans les secrets du style et de la poésie ; mais la simplicité touchante de divers
tableaux, la délicatesse, je dirai même la re-
tenue des pensées et des expressions, auraient
permis d'attribuer l'ouvrage à une personne
de ce sexe, qui sait si bien exprimer tout ce
qui tient à la grâce et au sentiment. En se
restreignant à l'éloge des Sœurs de Sainte-
Camille, l'auteur se plaçait en quelque sorte
hors du concours, et, dès lors, l'Académie,
qui a jugé l'ouvrage digne d'une mention
honorable, a cru juste de lui assigner un rang
distinct et séparé de celui des autres men-
tions. »

Mlle Delphine Gay envoya sa pièce de vers
à M. de Chateaubriand. Il l'en remercia par
la lettre suivante :

« 5 février 1823.

« Mme Récamier m'a appris, à mon grand étonnement, Mademoiselle, que vous n'avez pas reçu la lettre que j'ai eu l'honneur de vous écrire de Londres. *Le Dévouement des Sœurs de Sainte-Camille* m'a enchanté. Je sais maintenant pourquoi vous dites si bien les vers : vous parlez votre langue. Mais je crains, Mademoiselle, que vous ne soyez réduite un jour à demander à Dieu pardon de votre gloire. Moi, qui suis plus faible que vous, je vous remercie de m'avoir associé à votre futur repentir, en répandant sur une ligne de ma prose le charme et l'éclat de votre poésie (1). J'ai à peine le temps d'écrire, Mademoiselle, pardonnez à ce griffonnage. Agréez mes obéissances et offrez, je vous prie, à Mme Gay, tous mes hommages. »

M. de Chateaubriand le savait bien, qu'un jour ces beaux yeux d'azur se voileraient de

______

(1) Mlle Delphine Gay, dans sa pièce de vers, avait reproduit une pensée du *Génie du Christianisme.*

larmes, que ce rire éclatant s'éteindrait, que toute velléité de bonheur s'expie.

La seconde lettre est une réponse à une quête pour les pauvres :

« 8 mars 1823.

« Je vous dois une réponse depuis bien longtemps, Mademoiselle, mais il n'y a rien qui soit plus indulgent que les talents, la beauté et la jeunesse. Vous m'avez donc, j'espère, pardonné mon silence bien involontaire. Je suis désolé de vous offrir si peu de chose pour les *Petits Savoyards*. Quand je ferai des vers comme vous, je ferai fortune, et alors je mettrai toute cette fortune à vos pieds. Agréez, je vous prie, Mademoiselle, mes obéissances et mes hommages. »

En 1824, Mlle Delphine Gay, qui avait à peine vingt ans, venait de publier ses *Essais poétiques*. Elle les adressa à M. de Chateaubriand, qui lui répondit en ces termes :

« Paris, le 7 mars 1824.

« J'ai voulu, Mademoiselle, lire vos *Essais poétiques* avant d'avoir l'honneur de vous répondre. J'ai retrouvé partout votre ██████ perfectionné. Vous avez le *bonheur* ██ *belle*, et vous n'avez point à vous rep████ comme Magdeleine (1). Vous avez raison de dire de vous :

Pour calmer bien des maux, je sens qu'on ma choisie.

« Je suis un de ces malades que vous guérissez par vos chants. Offrez, je vous prie, Mademoiselle, mes hommages à madame Gay, et recevez, avec mes félicitations les plus sincères, mes remerciements les plus empressés. »

La pièce de vers dont parle M. de Chateaubriand dans cette lettre est peut-être la plus remarquable de toutes celles qui figurent dans les *Essais poétiques*. La voici :

____

(1) Mademoiselle Gay avait composé un poème sur Magdeleine.

Quel bonheur d'être belle, alors qu'on est aimée !
Autrefois de mes yeux je n'étais pas charmée ;
Je les croyais sans feu, sans douceur, sans regard ;
Je me trouvais jolie un moment, par hasard.
Maintenant, ma beauté me paraît admirable.
Je m'aime de lui plaire, et je me crois aimable...
[illegible] si souvent ! Je l'aime, et quand je voi
[illegible] avec plaisir se reposer sur moi,
[illegible] ment d'orgueil je ne suis point rebelle,
Je bénis mes parents de m'avoir fait si belle,
Et je rends grâce à Dieu, dont l'insigne bonté
Me fit le cœur aimant pour sentir ma beauté !
Mais... pourquoi, dans mon cœur, ces subites alarmes?
Si notre amour, tous deux, nous trompait sur mes]
        charmes ;]
Si j'étais laide, enfin? Non... il s'y connaît mieux !
D'ailleurs, pour m'admirer, je ne veux que ses yeux !
Ainsi, de mon bonheur, jouissant sans mélange,
Oui, je veux lui paraître aussi belle qu'un ange.
Apprêtons mes bijoux, ma guirlande de fleurs,
Mes gazes, mes rubans, et, parmi ces couleurs,
Choisissons avec art celle dont la nuance
Doit avec plus de goût, avec plus d'élégance,
Rehausser de mon front l'éclatante blancheur,
Sans pourtant de mon teint balancer la fraicheur.
Mais je ne trouve plus la fleur qu'il m'a donnée :
La voici : hâtons-nous, l'heure est déjà sonnée !
Bientôt il va venir ! bientôt il va me voir !
Comme, en me regardant, il sera beau ce soir !
Le voilà ! je l'entends, c'est sa voix amoureuse !
Quel bonheur d'être belle ! Ah ! que je suis heureuse (1) !

---

(1) Mlle Delphine Gay n'avait que dix-huit ans lorsqu'elle composa cette élégie.

Dix ans plus tard, M. de Chateaubriand écrivait à M{{lle}} Delphine Gay, devenue M{{me}} de Girardin, pour la féliciter de son poème de *Napoline* :

« Paris, 1{{er}} juillet 1834.

« Je viens de recevoir, Madame, un gracieux numéro des *Causeries* que je dois à vos bontés ou à celles de M{{me}} votre mère. J'ai été transporté d'aise quand j'ai lu que l'amie de *Napoline aimait René;* mais, hélas! j'ai vite trouvé qu'un *amour de roman change avec le livre.* Ces personnes qui se disent *rieuses et point méchantes* sont pourtant de grandes traîtresses. René est bien fâché, Madame, de n'avoir plus que la perruque du maître d'écriture, et d'être le plus vieux de vos adorateurs et admirateurs. »

Quelques commentaires sont indispensables pour comprendre cette lettre. Le poème de *Napoline* commence ainsi :

Elle était mon amie, — et j'aimais à la voir,
Le matin exaltée et moqueuse le soir;
Puis tour à tour coquette, impérieuse et tendre,

Du grand homme et du sot sachant se faire entendre,
Sachant dire à chacun ce qui doit le ravir ;
Des vanités de tous sachant bien se servir ;
Naïve en sa gaîté, rieuse et point méchante ;
Sublime en son courage, en sa douleur touchante ;
Ayant un peu d'orgueil peut-être pour défaut,
Mais femme de génie et femme comme il faut.

L'amie de Napoline, c'est Mme de Girardin elle-même.

Je me souviens encor d'avoir été jalouse
De l'amour exclusif qu'elle eut pour Charles douze.
Elle aimait Charles douze et moi j'aimais René.
Mais, quand elle eut passé l'âge où le cœur s'enivre
D'un amour de roman qui change avec le livre,
Quand elle se lassa de ces héros parfaits
Auxquels on ne peut plaire et qui n'aiment jamais,
Et qu'un beau soir, rêveuse au doux son de la harpe,
Alfred nous apparut pâle, un bras en écharpe,
Et paré d'une croix reçue en combattant,
Je vis que son malheur était juré. .

Quant à la phrase de M. de Chateaubriand sur « la perruque du maître d'écriture », elle s'explique par le passage suivant :

Combien avons-nous ri quand nous étions petites !
De ce rire bien fou, de ces gaîtés subites
Que rien n'a pu causer, que rien ne peut calmer,
Riant pour rire, ainsi qu'on aime pour aimer.
Je plains l'être sensé qui cherche à tout sa cause,

Qui veut aimer quelqu'un, rire de quelque chose.
Mes grands bonheurs, à moi, n'eurent point de sujets;
Mes plus vives amours se passèrent d'objets.
La perruque de mon vieux maître d'écriture,
Pendant plus de deux ans, a servi de pâture
A ma gaité....

Les lettres de M. de Chateaubriand ne contiennent que quelques lignes. Et cependant elles laissent deviner son caractère. L'auteur de *René* était une de ces natures absolues, dominatrices, qui, habituées au succès, ayant la conscience de leur prestige, ne se résignent qu'avec amertume à vieillir, c'est-à-dire à renoncer à la chose séduisante entre toutes : à l'amour. Un aveugle ne doit entendre parler qu'avec peine des fleurs brillantes, des horizons radieux.

M. de Chateaubriand était un de ces favoris de la fortune, qui cependant s'indignent contre elle, et qui, non contents d'être admirés, voudraient être aimés et adorés. A ces hommes qui ambitionneraient toutes les joies, comme toutes les gloires, la vue d'une belle et poétique jeune fille, c'est une cause de regrets et presque de colère.

Évidemment, l'auteur des *Martyrs* avait été impressionné par *Napoline*. Dans ce poème qui, au dire de Sainte-Beuve, « n'a pas été assez compris ni goûté », Mme de Girardin suppose une jeune fille, une amie intime, qui se croit fille naturelle de Napoléon, et qui l'est, en effet. C'est pour cela qu'on l'appelle Napoline. Belle, ardente, inspirée, elle aime de toutes les forces de son âme un jeune homme qu'elle croit digne d'un si profond amour. Mais elle se trompe : son préféré est un fat qui court après les femmes à la mode, un homme cupide qui recherche la main d'une riche héritière ridicule. C'est dans un bal que Napoline découvre la vérité. Quelle peinture saisissante que celle de cette fête lugubre où tout son beau rêve s'évanouit ! Hélas ! une jeune fille est souvent dans le monde plus obligée à la dissimulation qu'une jeune femme. A ces visages d'une fraîcheur éblouissante la moindre trace d'inquiétude ou de tristesse est défendue. Ces fronts si purs ne peuvent avoir un pli. Et pourtant combien de fois n'y a-t-il point déjà

d'angoisses cruelles, de déceptions amères
dans ces cœurs qui, on se l'imagine, ne battent pas encore! Combien de jeunes filles sont
blasées de la vie avant de l'avoir connue!
Combien ont des pressentiments aussi sombres que l'expérience! Combien ont deviné,
dans les hommes qui ambitionnent ou qui re-
poussent leur main, toutes les roueries, toutes
les bassesses, tous les calculs, tous les men-
songes de la triste nature humaine!... Les
valses retentissent comme des chants funèbres. On dirait que les fleurs exhalent comme
un parfum mortel, que les lustres sont des
catafalques. Ah! que de femmes brillantes
paraissent être des idoles, et ne sont que des
martyres!... Le cœur de Napoline est déjà
comme une tombe : sous la dalle de marbre
les vers du sépulcre; en haut, des lilas, des
roses blanches. Elle vient d'apprendre le fatal
secret. Et il faut qu'elle fasse bonne conte-
nance, qu'elle soit aimable, qu'elle ait le sourire sur les lèvres. Alors Mme de Girardin
s'écrie :

Oh ! que le désespoir est affreux dans le monde !
Qu'il est lourd d'y traîner une douleur profonde !
La contrainte est un poids qui double le malheur.
Le visage est glacé sous sa feinte couleur.
Vous qui n'avez point mis de chaîne à votre vie,
Femmes du peuple, ô Dieu, comme je vous envie !
Votre franche douleur vous soulage, du moins,
L'orgueil ne vous dit pas : « Souffre, mais sans témoins. »
Vous n'avez point placé la honte dans les larmes ;
Votre rage a des cris, votre haine des armes.
Vous ne vous piquez point de courageux efforts ;
En mots injurieux s'exhalent vos transports.
Vous courez, vous frappez la rivale imprudente
Qui gêne vos amours. — Votre âme indépendante
A de fausses douceurs ne sait point s'abaisser ;
Car vous ne savez point haïr... et caresser,
Et dire à l'ennemi, au démon de votre âme,
Avec candeur : « Comment vous portez-vous, Madame? »

Napoline ne peut résister à son désespoir. Elle se tue. Avant d'allumer le réchaud, elle adresse à son amie Delphine une lettre finale en prose qui est comme sa confession, son testament. C'est un des morceaux les plus pathétiques que jamais une femme ait écrits :

« O mon Dieu! quelle soirée!... Lui que j'avais toujours vu si bon, si affectueux, si noble!... tout à coup froid, sec, léger, moqueur, fat, ridicule et méchant!... Et moi, qui venais à lui heureuse et dévouée! Je m'étais parée pour lui plaire... il ne m'a pas regardée. Je venais lui offrir ma vie... il m'a reniée! » Quoi de plus navrant, hélas! et de plus vrai que cet anathème lancé contre le monde par la jeune fille qui va mourir : « Le monde!... le monde!... il nous rend comme lui-même; il nous poursuit sans cesse de son ironie; il nous atteint au cœur; son incrédulité nous enveloppe, sa frivolité nous dessèche, il jette son regard froid sur notre enthousiasme et il l'éteint; il pompe nos illusions une à une, et il les disperse; il nous dépouille, — et quand il nous voit misérables comme lui, faits à son image, désenchantés, flétris, sans cœur, sans vertus, sans croyance, sans passions, et glacés comme lui, alors il nous lance parmi ses élus, et nous dit avec orgueil : « Vous êtes des nôtres, allez! » Il fallut renoncer aux joies du monde pour entrer dans la solitude d'un cloître!... De même il faut dire adieu aux joies du cœur pour entrer dignement dans le monde!... Et ceux pour qui ce sacrifice est impossible, dont l'esprit est désabusé, mais qu'une âme ardente tourmente encore; ceux que le monde a désenchantés, mais qu'il n'a point flétris, ceux-là font comme moi, ils meurent pour rester encore dignes au moins de la mission d'héroïsme qu'ils n'ont pas eu le courage d'accomplir. »

Quelle chose pourrait encore intéresser Napoline? Est-ce la politique? Assurément non. « Ah! s'écrie-t-elle, si je pouvais encore me dévouer pour une noble cause; si j'avais foi dans mon pays; si je pouvais, comme toi, m'écrier avec enthousiasme : « France! France! patrie! » Je voudrais vivre pour elle, pour assister à son avenir... Mais je ne crois même plus à ce sentiment qui m'aurait fait vivre; je l'ai vue si ingrate, cette patrie, et je la trouve maintenant si bourgeoise, si matérielle! Quand je pense que tous ces soldats que l'empereur a sortis du néant ont renié son fils, j'éprouve un découragement, un dégoût qui me fait douter de notre grandeur. »

La lettre finit ainsi :

« Encore adieu; je t'embrasse, Delphine, et te somme de tenir ta promesse : — Si tu as jamais la moindre aventure romanesque, me disais-tu, je la mets en vers; prends-y garde. Chante donc ma mort, puisque c'est la seule aventure dont j'aie été capable. En écrivant ce poème, tu penseras à moi; c'est un souvenir, du moins, sur lequel je puis compter. Allons, poète, à l'ouvrage!... Il y aura de morales réflexions à faire sur cette âme désenchantée qui s'exhale sans espérance, après avoir vécu sans religion. Il y a une terrible satire à composer contre l'éducation mondaine, éducation sans principes et cependant si pleine de préjugés! Courage, Delphine! je te laisse une belle tâche en partant... Mais pardon de cette plaisanterie cruelle; je t'afflige, pardon... Je te dirai comme ton vieux ami, M. C... : « Excusez mon griffonnage... » C'est le dernier... Je t'embrasse; adieu! mille fois adieu!... Demain à cette heure... où serai-je?...

« NAPOLINE DE R..... »

Ainsi que l'auteur le dit dans le dernier chant de son poème, Napoline est un symbole. Ce n'est pas seulement le résumé dans un seul cœur des tortures qui peuvent déchirer une jeune fille en apparence heureuse. Ce n'est pas seulement le type du désenchantement à l'aurore, l'aurore quelquefois aussi triste que la nuit. C'est plus encore, c'est l'image de la lutte de l'idéal contre le réel :

> Napoline mourante est le Génie, — éteint,
> Énervé par le monde, en ses élans contraint.

Ce beau poème, « dernier cri et dernière protestation du poète », comme Sainte-Beuve l'a si bien qualifié, il faut le relire dans un temps où le dégoût de la vie, *tædium vitæ*, conduit tant d'infortunés au suicide. Mais, dans les hautes classes, on se tue par vanité, par lâcheté, par crainte de la justice, on ne se tue plus par amour. On laisse cela aux prolétaires. Depuis le triomphe de l'École réaliste, qui se permettrait, dans la bonne compagnie, d'avoir eu peine de cœur? Il y a encore des convoitises, il n'y a plus de passion. Un homme du monde qui serait assez imprudent pour laisser voir qu'il est amoureux, passerait vite pour un fou. Dans la seconde moitié de notre triste dix-neuvième siècle, quel rêveur, quel poète aurait la naïveté de croire encore à cette chose démodée, vieillie, ridiculisée, qui s'appelait autrefois l'amour?

En résumé, il n'y a pas moins de mélancolie amère dans *Napoline* que dans *René*, et l'on comprend l'attrait que Mme de Girardin inspirait à M. de Chateaubriand. Elle avait, d'ailleurs, pour l'auteur du *Génie du Christianisme*, un véritable culte. Elle en faisait un éloge enthousiaste, elle à qui l'on ne pouvait certainement pas appliquer cette parole de Vauvenargues : « C'est un grand signe de médiocrité, de toujours louer immodérément. »

Dans une de ses *Lettres parisiennes* (1), elle célébrait ainsi une lecture faite par M. de

____

(1) *Lettre parisienne*, 7 décembre 1838.

Chateaubriand dans le salon de Mme Récamier, à l'Abbaye-aux-Bois : « L'auditoire se composait d'illustres savants, de duchesses d'esprit qui sont aussi de jolies femmes, élégantes, coquettes, et flatteuses comme des personnes qui se connaissent en flatteries, et qui veulent généreusement dépenser en une heure l'encens qui leur est offert chaque jour. M. de Chateaubriand a lu plusieurs fragments de ses Mémoires : c'est le récit de la mort du duc d'Enghien ; c'est un retour à Paris après un voyage en Angleterre ; c'est l'histoire du manuscrit d'Atala, que l'auteur, découragé par une critique de M. de Fontanes, voulait jeter au feu, et que des tourterelles ont sauvé. Vous dire comment et pourquoi ces colombes bavardes étaient enfermées dans une malle, vous donner une idée de ce récit merveilleux des choses les plus grandes et les plus petites, de ce style puissant et simple, spirituel et sublime, noble et naïf, cela ne nous est pas possible. Les *Confessions* de Rousseau peuvent seules vous faire comprendre le parti qu'un écrivain de génie sait tirer des aventures les plus vulgaires de la vie privée, avec la différence cependant qui doit exister entre les mémoires d'un Ruy-Blas et ceux d'un ambassadeur. »

La dernière lettre de M. de Chateaubriand à Mᵐᵉ de Girardin est du 1ᵉʳ janvier 1841. Elle avait écrit la veille, dans son *Courrier de Paris*, en rendant compte de la réception de M. Molé, à l'Académie française.

« A côté du récipiendaire était M. de Chateaubriand, dont l'apparition a excité une vive émotion dans l'assemblée. Dès qu'il est entré, tout le monde s'est levé; les femmes étaient dans une agitation incroyable; elles voulaient voir à tout prix l'illustre auteur d'*Atala*; elles s'avançaient, elles se penchaient de son côté, sans égard pour leurs voisines, qui, elles-mêmes, étaient sans pitié pour leurs voisins. Dans cet empressement passionné, plus d'un chapeau neuf a souffert; une charmante capote bleue, entre autres, a dû sa fin précoce à cette flatteuse curiosité. (1). »

M. de Chateaubriand, aussitôt après avoir lu *la Presse*, adressait à Mme de Girardin le billet suivant, écrit d'une main tremblée :

« 1er janvier 1841.

« Il n'est pas bien, monsieur le vicomte (2), de rire, à propos des femmes, d'un de vos plus fidèles serviteurs. Votre moquerie est démontrée par la difficulté même que j'éprouve à vous écrire de ma propre main, pour vous offrir le tribut accoutumé de mon admiration et de mes hommages. »

On le voit, même dans cette courte lettre, qui est un remerciement, il y a encore quelque chose d'amer. Le grand homme si admiré souffre de ne plus pouvoir être aimé. L'enthousiaste curiosité de ces femmes qui se

---

(1) *Lettre parisienne*, 31 décembre 1840.
(2) Le vicomte de Launay, pseudonyme de Mme de Girardin.

lèvent toutes pour l'apercevoir et saluer son entrée sous la coupole de l'Institut lui semble une ironie du sort. C'est un supplice qu'une âme de jeune homme dans un corps de vieillard. Morose, désabusé, l'auteur de tant de chefs-d'œuvre assiste, comme Charles-Quint, à ses propres funérailles, et qu'importe qu'elles soient pompeuses? A quoi bon le luxe du cercueil? Ce qui est remarquable dans toutes les périodes de la vie de M. de Chateaubriand, comme M. de Lamartine, ces deux génies sublimes, si privilégiés par le sort, si caressés par la fortune, si adulés par le succès, c'est leur tristesse, tristesse profonde, perpétuelle, incurable, tristesse qui ne trouve quelque adoucissement que dans le travail, parce que le travail c'est l'oubli de soi-même.

LETTRES

DE

MADEMOISELLE RACHEL

MADEMOISELLE RACHEL

Les génies qui ont fait de grandes œuvres semblent défier le sépulcre :

Jamais l'affreuse nuit ne les prend tout entiers.
A défaut d'action, leur grande âme inquiète,
De la mort et du temps entreprend la conquête,
Et, frappés dans la lutte, ils tombent en guerriers.

Celui-là sur l'airain a gravé sa pensée ;
Dans un rythme doré l'autre l'a cadencée;
Du moment qu'on l'écoute, on lui devient ami.
Sur sa toile, en mourant, Raphaël l'a laissée,
Et pour que le néant ne touche point à lui,
C'est assez d'un enfant sur sa mère endormi (1).

Épaminondas expirant, laissait deux filles immortelles : Leuctres et Mantinée. L'écri-

____

(1) Alfred DE MUSSET, *Stances à la Malibran.*

11.

vain lègue à la postérité ses écrits, le compo-
siteur sa musique, le peintre ses tableaux,
le sculpteur ses statues. Mais de l'acteur il ne
reste qu'un nom.

Théophile Gautier a dit, en parlant de l'actrice par excellence, de la grande, de l'admirable Rachel, que, dans leurs misères et leur
solitude, les poètes ne devaient pas envier les
ovations décernées aux souveraines du théâtre : ce bruit, ces applaudissements, ces
pluies d'or et de fleurs, ces voitures dételées,
ces sérénades aux flambeaux. « Pauvres belles
comédiennes, s'est-il écrié, pauvres reines
sublimes ! Le rideau de la dernière représentation, en tombant, les fait disparaître pour
toujours ! Parfums évaporés, sons évanouis,
images fugitives ! La gloire sait qu'elles ne
doivent pas vivre, et leur escompte les faveurs
qu'elle fait si longtemps attendre aux poètes
immortels. » Ah ! si de pareilles femmes ne
laissent après elles qu'un souvenir, n'est-il
pas juste au moins que ce souvenir soit vivace,
que l'attention d'un public si distrait se re-
porte parfois sur ces nobles artistes qui, de

leur vivant, recueillirent tant de couronnes,
et qui, malheureusement, n'en ont plus guère
sur le tombeau? Et comment pourrait-on
l'oublier, celle qui n'a pas seulement charmé
toute une génération et fait tressaillir tous les
peuples, depuis Moscou jusqu'à New-York,
mais qui, au point de vue de la haute littérature, de l'art, du patriotisme, a glorieusement
accompli une grande œuvre, une œuvre nationale; la femme inspirée, la femme de génie
qui, à une époque où les violences d'une jeune
école avaient rompu avec les grandes traditions du théâtre, « est venue comme la prêtresse d'un culte évanoui, a relevé l'autel, ra-
nimé le feu sacré, fait entendre de nouveau
l'oracle, ramené la foule dans le sanctuaire,
rétabli sur leur piédestal, d'où elles ne seront
plus ébranlées, les statues des dieux de la
poésie française (1)? » Vous tous qui avez été
attendris, émus, électrisés par M^llo Rachel;
vous qui avez encore dans l'oreille cette voix
vibrante, cette voix plus qu'humaine, ce con-

____

(1) M. DE MOUY. *Les Jeunes Ombres.*

tralto incomparable, tantôt terrible comme
la foudre, tantôt suave comme la brise la plus
douce; vous qui vous rappelez Phèdre et

Vénus tout entière à sa proie attachée,

Camille et ses imprécations, et sa scène
muette, Hermione se tournant du côté d'O-
reste, et lui lançant la fameuse question :
« Qui te l'a dit? » Pauline s'écriant, dans le
transport de l'enthousiasme, dans l'ardeur de
la néophyte :

Je vois, je sais, je crois, je suis désabusée;

vous que la morte initiait aux plus nobles
secrets de l'art, aux plus généreuses inspirations de la pensée, vous qui aimez le beau,
qui comprenez la poésie et l'idéal, c'est vous
que je prie de jeter les yeux sur la correspondance de la grande tragédienne avec la femme
éminente qui avait su la deviner et dont elle
eut l'honneur d'être l'amie!

Mme de Girardin avait été frappée de cette
destinée plus qu'étrange, de ces merveilleux
dons du ciel tombés, comme par miracle,

sur une pauvre enfant israélite, qui allait, une guitare à la main, chanter et mendier dans les rues; sur cette fille d'un brocanteur et d'une marchande à la toilette, qui devenait tout à coup, et avec raison, l'idole du faubourg Saint-Germain; sur cette ignorante qui, à treize ans, ne savait pas encore lire, et qui avait l'intuition de l'antiquité, comme si elle eût connu par cœur tous les classiques, comme si elle eût fait les études les plus approfondies; sur cette jeune muse qui ordonnait à Racine et au grand Corneille de sortir de leur tombe, et qui retrempait les âmes aux sources de l'admiration, au souffle divin de l'héroïsme!

Ce que Mme de Girardin saluait dans Mlle Rachel, ce n'était pas seulement son talent prodigieux, c'était sa distinction innée, son tact, son élégance. Mme de Girardin était une grande dame, dans la meilleure acception de ce mot. Habituée dès son enfance aux salons les plus aristocratiques, accueillie avec le plus grand empressement par les Montmorency, les La Rochefoucauld, élevée à l'école de sa mère, femme du meilleur monde, et à celle de Mme de Custine, de la duchesse de Duras, de Mme de Courbonne, de Mme Récamier, elle n'aurait jamais voulu consentir à faire sa commensale, son amie d'une artiste dont les manières auraient été communes, dont le langage aurait été vulgaire. Mais Mlle Rachel avait autant de distinction, autant de charme dans le monde qu'au théâtre. « Dans la vie privée, elle ne détruisait pas, comme beaucoup d'actrices, l'illusion qu'elle produisait en scène. Elle gardait au contraire tout son prestige. La statue n'avait aucune peine à devenir une duchesse et portait le long cachemir comme le manteau de pourpre à palmettes d'or. Ses petites mains, à peine assez grandes pour entourer le manche du poignard tragique, manégeaient l'éventail comme des mains de reine. De près, les détails délicats de sa figure charmante se révélaient sous son profil de camée dans la corolle du chapeau et s'éclairaient d'un spirituel sourire. Du reste, nulle tension, nulle pose, et parfois un enjouement qu'on n'eût pas attendu d'une reine de tragédie (1). » On retrouvait souvent dans sa conversation, et parfois aussi dans ses lettres, la puissante originalité de son jeu. Un murmure de curiosité, d'admiration circulait, si tout d'un coup l'on entendait annoncer à la porte d'un salon ce nom magique : Mlle Rachel! Mme de Girardin, qui, comme les natures vraiment grandes, aimait et recherchait les supériorités au lieu d'en être jalouse, se plaisait à saluer un semblable prestige. La reine du style et la reine de l'art se rendaient mutuellement hommage, et se traitaient comme deux souveraines amies, comme deux alliées.

L'autre jour, comme je parlais à M. de Girardin de mon désir de savoir la vérité sur les premières années de Mlle Rachel, sur les premiers symptômes de sa vocation théâtrale, le grand publiciste prit la plume et me dit : « Je vais vous donner une lettre pour la femme qui a le plus connu, le mieux aimé Rachel, qui a été la compagne de toute sa vie, qui l'a

____

(1) Théophile Gautier. Article du *Moniteur*.

soignée dans sa dernière maladie et assistée à
son lit de mort, pour sa sœur, pour Sarah
Félix. » Grâce à cette lettre d'introduction,
j'entrai dans un hôtel de l'avenue de l'Impératrice que remplissent les bustes, les portraits, les costumes, les souvenirs de Rachel,
et qui est comme un petit temple élevé à sa
mémoire. Je dois les détails qui vont suivre à
l'extrême obligeance de Mlle Sarah Félix, et
je n'oublierai jamais avec quelle vive intelligence, avec quelle émotion profonde elle m'a
parlé, les larmes aux yeux, de son admirable
sœur, pendant des heures qui me paraissaient
courtes comme des minutes.

Mlle Rachel naquit en 1821 à Munf, dans
le canton d'Argovie. Son père et sa mère
étaient des israélites d'Alsace qui, pour gagner
leur vie, s'étaient faits marchands forains et
allaient de ville en ville, de foire en foire,
vendant des foulards, des mouchoirs, des ai-
guilles. Son père, M. Félix, était le fils d'un
pauvre laboureur. Il ne parlait guère que l'allemand, mais il avait de l'intelligence, il fré-

donnait des mélodies avec une jolie voix de ténor, et il aimait à la passion le poète Schiller, dont il savait par cœur les plus belles tirades. Il avait épousé la fille d'un négociant de Mulhouse, autrefois riche, mais complètement ruiné. Ce fut un mariage d'amour, fait contre le gré de la famille de la mariée. Repoussée par les siens, elle dut, avec son époux, quitter le pays natal pour mener une vie de travail, de souffrances et de pauvreté. Elle eut seize enfants qu'elle éleva tous avec courage et qu'elle aima avec tendresse.

Sa tribu voyageait à pied. Un gros chien caniche qui s'appelait Mouton suivait les pauvres nomades et portait à tour de rôle les petits enfants quand ils étaient trop fatigués. Ce fut à Reims que Sarah et Rachel, âgées l'une de cinq ans, l'autre de quatre, eurent comme un premier pressentiment de leur vocation d'artistes. Sarah chantait déjà avec beaucoup de gentillesse quelques chansons dont l'une était intitulée : *la Petite Mendiante*. Un jour, dans une auberge, elle vit la récolte de sous qu'apportaient des enfants ita-

liens, chanteurs ambulants, pifferari en costume des Abruzzes. Et moi aussi, se dit-elle,
je veux chanter comme eux dans les rues.
Elle les suivit et se mit à dire dans leur compagnie sa chanson de *la Petite Mendiante*.

Rachel ne chantait pas encore. Elle faisait
la collecte. Ravies de leur première tournée,
les deux petites filles rentrèrent à l'auberge
et remirent à leurs parents les sous qu'elles
avaient gagnés. Mais, ô surprise ! ô désespoir ! leur père, au lieu de les féliciter, leur
donna à toutes deux la correction la plus sévère, pour leur apprendre à ne plus mendier.
Peu de temps après, leur mère, toujours à
Reims, tomba gravement malade. Elle entra
à l'hospice. Son mari était plongé dans le
chagrin le plus profond. Il ne voulait pas
quitter la pauvre malade. Mais il n'y avait
plus de pain pour les enfants. Alors les deux
petites filles se mirent à chanter dans la rue,
et cette fois le père leur pardonna. Un soir,
elles ne purent retrouver leur chemin. Épui-
sées de fatigue, elles s'arrêtèrent en pleurant.
Un chiffonnier qui passait par là en eut pitié ;

il les mit toutes deux dans sa hotte et les ramena ainsi à leur père. « Papa, disaient-elles, il ne faut pas nous battre. Si nous ne te rapportions pas un peu d'argent, tu ne pourrais pas porter de bonnes choses à maman, à l'hospice. »

Madame Félix se guérit, et la famille reprit ses pérégrinations, faisant et refaisant son tour de France. Ils vinrent à Paris quelques jours après la Révolution de 1830 et se logèrent derrière l'Hôtel de ville, dans une maison de pauvres, rue des Deux-Portes, en face du logement de Paul de Kock. Rachel avait neuf ans, Sarah dix. Elles chantèrent dans les rues de Paris, où elles eurent un véritable succès. Le soir, place de la Bourse, elles allumaient un cercle de chandelles et donnaient leur concert en plein vent. Rachel chantait les deux hymmes patriotiques, *la Parisienne* et *la Marseillaise*, avec une énergie précoce qui étonnait. Les sous pleuvaient aux pieds des petites chanteuses. Quand c'était un gros sou, et non pas un sou simple : « Ah ! disaient-elles, voilà un mâle ! »

Chose étrange! cette Rachel, destinée à devenir un jour la grâce et la séduction mêmes, n'était à cette époque rien moins que jolie. Au moral triste et taciturne, au physique petite, chétive, malingre, d'une maigreur excessive, qui faisait paraître ses mains et ses pieds démesurément longs, elle semblait disgraciée de la nature. Elle avait à la gencive supérieure plusieurs dents de trop, qu'on lui arracha pour qu'elle ne fût point défigurée. Son organe était si dur, si rauque, que ses camarades l'appelaient le canard, et que plus tard ses professeurs, pour assouplir sa prononciation, durent lui faire mettre, comme Démosthènes, des cailloux dans la bouche. Son intelligence paraissait médiocre. Elle ne savait ni lire ni écrire. Son habillement était celui d'une petite pauvresse. Cependant un observateur attentif aurait pu deviner ce qu'il y avait déjà d'ardent et de fier dans ce regard. Parfois l'enfant sortait de sa torpeur habituelle, et alors elle avait des gaietés ou des colères étranges.

Choron, le fameux professeur de chant,

entendit Rachel et Sarah dans la rue. Il leur trouva de grandes dispositions pour le théâtre, et les prit gratuitement dans sa classe. A sa mort, elles entrèrent au Conservatoire. C'était en 1833.

Elles eurent pour professeurs Samson et Saint-Aulaire. Sarah eut plus tard un prix de chant; mais Rachel vit bientôt que c'était à la tragédie qu'elle devait se destiner.

Agées l'une de treize ans, et l'autre de douze, les deux sœurs parurent pour la première fois sur un théâtre, aux Italiens, dans un concert donné le jour. Elles chantèrent avec un grand succès le duo de *Phèdre* et d'*Œnone*, de Glück. Dans ce temps-là, c'était Rachel qui faisait Œnone. Saint-Aulaire n'avait pas voulu leur laisser leur nom de juives. On appelait Sarah, Sophie, et Rachel Élisabeth.

Sur l'affiche on les avait désignées sous le nom de demoiselles de Saint-Félix. Mais Rachel n'acceptait pas un pseudonyme; dès qu'elle fut libre, le nom qu'elle voulut immortaliser, ce fut son nom de fille d'Israël.

Ses commencements furent difficiles. Un professeur du Conservatoire lui dit un jour : « Toi, Babet (c'était le sobriquet de l'élève), tu ne seras jamais qu'une bouquetière. » Elle débuta au Gymnase en 1837, dans *la Vendéenne*, et, bien que les connaisseurs lui eussent trouvé un réel talent, son succès fut assez modeste. Quand, l'année suivante, elle voulut entrer aux Français, elle rencontra de grandes difficulés. Les comédiens devinaient-ils qu'elle les éclipserait tous, qu'elle ferait pâlir toutes leurs renommées; qu'à son aspect toutes les illustrations de la maison de Molière et de Corneille s'effaceraient comme les étoiles qui s'éteignent pour faire place au soleil levant? Quoi qu'il en soit, les sociétaires ne lui firent pas un très bon accueil; sans l'intercession de Mlle Mars, femme supérieure bien digne de la comprendre, elle ne serait peut-être jamais montée sur cette scène qu'elle devait illustrer. Ce fut le 12 juin 1838 qu'elle y parut pour la première fois. Le public ne prêta d'abord qu'une assez médiocre attention à cette jeune fille de dix-huit ans qui allait ressusciter la tragédie française. On ne se doutait pas encore que la petite juive, la chanteuse des rues, l'obscure comédienne du Gymnase, allait être l'artiste la plus célèbre, la plus sublime du siècle. M. Jules Janin, dans les *Débats* (1), Mme de Girardin dans *la Presse*, eurent l'honneur de faire le succès de Mlle Rachel, comme on dit en style de coulisses.

C'était dans les derniers jours de l'année 1838. La session parlementaire venait de recommencer, et Mme de Girardin, dans son *Courrier de Paris*, fêtait ainsi le retour des législateurs de la France :

« Allons! voilà les enfants revenus, voilà le tapage qui recommence; quel vacarme! On ne s'entend plus. Comme ils crient! mais voyez-les donc, ces petits diables, comme ils se poussent, comme ils se battent! Il n'y a plus moyen de causer avec tout ce bruit; il n'y a plus moyen de faire de la musique, de

____

(1) Article du 10 septembre 1838.

dire des vers, de raconter la moindre histoire... Quand ils n'étaient pas là, on pouvait
s'amuser encore; mais aujourd'hui, que faire?
Ils ne nous laissent pas un moment de repos;
il faut toujours s'occuper d'eux et les sur-
veiller; on a toujours peur qu'ils ne cassent
quelque chose. Les enfants de cet âge-là sont
si dangereux! Les autres enfants de cinq ou
six ans, dans leurs folies, ne sont jamais bien
terribles : ils brisent des tables, des chaises;
ces dégâts sont réparés promptement; mais
des espiègles de quarante à cinquante ans,
c'est tout autre chose; quand ils se mettent
à détruire, cela devient grave, et les meubles
qu'ils brisent ne se raccommodent pas toujours facilement. N'importe, quel plaisir de
les revoir! Comme ils sont engraissés, qu'ils
ont bonne mine! Ils ont sérieusement profité de leurs vacances; que leurs mères doivent être contentes! Ils ne sont pas beaux, ils
ne travaillent pas beaucoup; ils n'ont pas
une grande intelligence, mais ils se portent
bien. Allez, mes petits amis, amusez-vous, et
si vous êtes sages, on vous donnera à chacun

un petit portefeuille pour vos étrennes; mais
il ne faudra pas le perdre, entendez-vous?
car on ne vous donnerait plus rien. »

Puis, après cette boutade sur les coryphées
parlementaires, Mme de Girardin ajoutait :

« Ceux qu'une politique de brouillons et de
mécontents envieux attriste, ennuie et dé-
courage, s'occupent de Mlle Rachel et de
Mlle Garcia. Deux petites filles remplies de
talents et d'inspiration valent mieux qu'une
vingtaine de vieux fous sans idées (1). »

La jeune cantatrice avait le même âge que
la jeune tragédienne. On se plaisait à associer
leurs deux aurores. Alfred de Musset célébrait leurs débuts dans une pièce de vers
digne d'elles et de lui :

Discourons sur les arts, faisons les connaisseurs;
        Nous aurons beau changer d'erreurs,
        Comme un libertin de maîtresse,
Les lilas au printemps seront toujours en fleurs,
Et les arts immortels rajeuniront sans cesse.

_____

(1) *Lettres parisiennes*, 29 septembre 1838.

Discutons nos travers, nos rêves et nos goûts,
Comparons à loisir le moderne et l'antique,
   Et ferraillons sous ces drapeaux jaloux !
Quand nous serons au bout de notre rhétorique,
Deux enfants nés d'hier en sauront plus que nous.

Le succès à Paris est comme une traînée de poudre. Les mêmes personnes qui, la veille, ne regardaient pas, n'écoutaient pas Mlle Rachel, la contemplaient comme une merveille, s'extasiaient à chacune de ses paroles, à chacun de ses regards. Son talent s'était-il donc transformé en huit jours ? Non point. Elle était à la mode. Dès lors, on la reçut en amie dans les salons les plus brillants du faubourg Saint-Germain. L'on ne tarissait pas d'éloges sur son talent, sur sa distinction, sur son tact, sur son élégance, sur son esprit, sur sa vertu.

« L'autre jour, dit Mme de Girardin dans un de ses meilleurs courriers de Paris, nous étions à la Chambre des députés. Au moment où la séance allait commencer, la porte de notre tribune s'ouvrit et une jeune femme vint se placer près de nous : c'était Mlle Rachel. Aussitôt tous les yeux et toutes les lorgnettes (car messieurs les députés ont presque tous à la Chambre leurs lorgnettes de spectacle) se tournèrent de son côté, et toutes les personnes de sa connaissance la saluèrent avec le plus gracieux empressement. Quelques jours auparavant, la jeune tragédienne était allée à un grand bal chez la femme d'un ministre du 12 mai, et là, personne ne s'était étonné de la voir si exceptionnellement accueillie, pas une mère ne s'était formalisée de ce que l'on donnât à sa fille pour vis-à-vis dans une contredanse une actrice de la Comédie-Française.

« Ces grands égards que témoigne pour Mlle Rachel le monde parisien, ordinairement si plein de préjugés et de petites idées, sont-ils accordés seulement à son talent, qui est bien fait pour les mériter ? Nous ne le pensons pas. D'autres femmes artistes ont eu, comme elle, un beau et noble talent, et l'on n'a pas fait en leur faveur cette flatteuse exception. Ce n'est donc pas à son talent que l'on rend cet hommage ; ce n'est pas non plus à son caractère, une si jeune fille n'a pas encore de caractère. A quoi donc rend-on cet hommage ? direz-vous. Et vous serez bien étonnés quand nous vous répondrons : c'est à son rang. Le haut rang de l'actrice ? Non, mais, le haut rang de la personne, car chacun est, pour ainsi dire, doué en naissant d'un rang individuel dont il ne peut méconnaître les exigences, soit qu'elles l'entraînent à descendre, soit qu'elles l'obligent à monter. »

Mlle Rachel, qui avait autant d'intelligence que d'inspiration, comprit tout ce qu'il y avait de délicat dans un pareil éloge. Elle en fut profondément reconnaissante. A ce moment, Mme de Girardin n'était pas encore décidée à faire des tragédies. L'inexplicable rigueur de la censure pour sa belle comédie de *l'École des Journalistes*, reçue pourtant à l'unanimité par le comité du Théâtre-Français, en octobre 1839, l'avait presque dégoûtée de la littérature dramatique. Elle hésitait encore, doutant d'elle-même, se demandant avec une modestie sincère si les éloges que ses amis lui décernaient ne s'adressaient pas plus à la femme du monde qu'à la femme de lettres. Et puis, dans ce milieu des théâtres, si jaloux, si exclusif, si livré en pâture aux coteries et aux intrigues, elle rencontrait une opposition tantôt sourde, tantôt déclarée, qui, souvent, paralysait sa force et détruisait ses espérances. Cependant elle méditait une tragédie de *Judith*, œuvre toute féminine, mais pleine de séductions et de véritable poésie. Elle en avait fait connaître le caractère général à Mlle Rachel, et la grande tragédeinne qui n'avait encore créé aucun rôle s'était promis de créer celui-là ; elle écrivait à Mme de Girardin le 24 juillet 1841 :

« MADAME,

« Je suis très préoccupée de ce que vous m'avez dit. Assurément, pendant mon séjour à Bordeaux, je ne manquerai pas de vous exciter par mes lettres à mettre la dernière main à votre œuvre. Je suis trop heureuse et trop fière de savoir par vous que mes lettres vous serviront d'aiguillons. Mon père ne me semble pas à portée de vous donner les indications nécessaires ; mais j'ai pensé, Madame, à M. Crémieux, qui connaît parfaitement tous ces détails. Je suis sûre d'abord qu'il ne me refusera aucun renseignement, et bien sûre aussi qu'il sera charmé de vous les donner à vous-même et de m'accompagner chez vous à ma première visite. Pourtant, Madame, je ne veux lui en parler qu'après votre réponse. Je vous prie d'agréer l'expression de mes sentiments les plus dévoués. »

Mlle Rachel ne cessait de stimuler le zèle de Mme de Girardin. Pleine de foi dans les succès futurs de cette femme d'élite, elle lui écrivait de Bordeaux, le 9 août 1841 :

« MADAME,

« Je rêve *Judith* et l'auteur de *Judith*. Notre conversation revient souvent à ma mémoire, et j'espère que vous achèverez ce que vous avez si bien entrepris. Vous avez la bonté de vouloir que je vous encourage ; j'en aurais de l'orgueil, si je ne comprenais toute votre modestie. S'il est vrai pourtant que ma promesse de me charger avec bonheur du rôle que vous voulez bien me destiner soit pour vous un motif de terminer votre ouvrage, croyez bien, Madame, que je ne vous ai pas même dit tout ce que je pense à cet égard. C'est pour moi que je vous prie de ne pas laisser un instant votre plume inoccupée. J'espère qu'à mon retour vous pourrez me lire un travail complet dans une grande partie.

« Je suis ici, Madame, entourée de la même bienveillance, qui me suit partout. Je ne sais, en vérité, comment me rendre digne de tant de faveur. N'est-ce pas, Madame, que vous ne croirez pas que ceci est de ma part une fausse modestie? Vous croirez que je dois être confuse d'une bonté si grande et que je sais faire la part de l'intérêt qu'inspirent ma jeunesse et le souvenir si récent de la situation d'où l'on m'a vue sortir. Adieu, Madame; je voudrais vous écrire plus longuement, mais le temps manque à ma volonté.

Je me consolerai, si vous voulez bien m'écrire
vous-même que vous me gardez un souvenir
et que vous agréez l'expression de mes sentiments les plus dévoués. »

Les artistes sont comme les chiens et
comme les enfants; ils ont cet instinct de
savoir distinguer tout de suite qui les aime.
Mlle Rachel se sentait admirée par Mme de
Girardin, et, de son côté, elle reconnaissait
tout ce qu'il y avait d'esprit, de cœur, de talent dans cette femme hors ligne. Elle était
heureuse de penser qu'elle contribuerait peut-
être à faire éclore de belles œuvres, qu'elle
serait pour l'auteur de *Judith* une inspiratrice, une amie. Aussi insistait-elle vivement
pour la décider à se lancer dans l'arène dramatique et à cueillir de nouvelles palmes.

                    « Bordeaux, 15 août 1841.

« Je reviens à la charge, Madame. Il ne
dépendra pas de moi certainement que cette
belle *Judith* ne vienne se faire admirer sur le
théâtre de la rue de Richelieu pendant le

cours de cet hiver. Puisque vous me demandez souvent quelques lignes d'excitation, je
ne manquerai pas à votre vœu, que je regarde
comme un devoir pour moi. Croyez-le bien,
Madame, je ne doute pas d'un grand succès
pour vous, et je vous promets mon dévouement le plus absolu. Mais, hélas! qu'est-ce
donc que mon opinion, à moi, si peu faite
pour juger la portée d'une œuvre tragique!
C'est vous qui comprendrez bien tout ce
qu'il y a d'imposant et de grand dans votre
ouvrage. Moi, je ne puis vous dire les impressions que j'ai éprouvées et le désir que
j'éprouve.

« Le public de Bordeaux me comble,
comme le public de Londres m'a comblée.
Camille, Hermione, Émilie, Roxane ont reçu
le plus bel accueil. Mon Dieu! mon Dieu!
pourvu que le public de Paris ne se refroi-
disse pas pour moi! C'est ma peur au milieu
de ma joie. Je vous quitte, Madame, en vous
priant d'agréer mes sentiments les plus dévoués. »

En lisant les lettres si flatteuses de la grande tragédienne, M^mo de Girardin se croyait déjà transportée dans cette atmosphère fiévreuse, passionnante du théâtre, qui exerce un tel attrait, un tel prestige sur certaines imaginations. Il lui semblait déjà entendre ses beaux vers déclamés par la moderne Melpomène devant une foule émue, subjuguée. Elle voyait dans le lointain Rachel avec un merveilleux costume asiatique, couverte de perles et de joyaux, le diadème sur la tête, le poignard à la main.

> Oui, je veux me parer d'un éclat emprunté.
> Dieu puissant ! donnez-moi l'arme de la beauté,
> Donnez à ces bijoux l'éclat de vos étoiles ;
> De parfums enivrants baignez ces chastes voiles ;
> Chargez d'anneaux la main qui doit tenir le fer ;
> Livrez-moi les secrets du ciel et de l'enfer ;
> Faites-moi posséder, par un affreux mélange,
> L'astuce du démon et la candeur de l'ange.

Rachel s'éprenait du rôle si bien conçu, si dramatique de cette Judith, ange de l'assassinat biblique, comme l'a qualifiée M. Paul de Saint-Victor, de cette Judith qui non seulement hésite entre le patriotisme et l'humanité, mais qui a pour sa victime un vague amour, et qui, déchirée tantôt par la haine, tantôt par la pitié, sent, au moment du meurtre, le fatal couteau trembler entre ses doigts.

Le 28 septembre 1841, l'interprète écrivait à l'auteur :

« MADAME,

« En attendant que le public vienne applaudir *Judith*, voulez-vous permettre à *Camille* de vous convier pour jeudi à sa rentrée, à ses amours, à sa terrible mort? Vous comprendrez mieux que personne combien j'aurai besoin, cette fois surtout, de reposer mes yeux sur des visages amis; et vous, Madame, si bonne pour moi, vous ne me refuserez pas de me donner des applaudissements, pour me préparer à en recevoir des autres, quand je leur ferai entendre votre belle poésie. Vous voyez que j'ai lu votre dernière scène du second acte.

« Agréez, Madame, mes compliments les plus dévoués. »

Et le 6 février 1843.

« MADAME,

« Je suis souffrante et fatiguée ; cependant il faut que je joue *Phèdre* demain ; il faudra peut-être encore que je joue vendredi ; la Comédie crie misère et me persuade que son salut est en moi. Je suis fière d'être sa planche de salut ; mais, pour le moment, j'en suis bien contrariée, car je dois tout me refuser pour ne pas manquer à mon devoir.

« Soyez assurée, Madame, que, sans cette circonstance, rien ne me serait plus agréable que d'accepter votre aimable invitation. Je regrette d'autant plus de ne pas pouvoir m'y rendre que j'avais la perspective, non seulement d'une très aimable société, mais encore de très beaux vers, et je vous avoue un faible égal pour tous les deux.

« Je m'occupe tous les jours de *Judith* ; j'ai le désir d'en répéter quelques fragments un jeudi chez moi en petit comité. Veuillez me dire si vous m'y autorisez. Si vous y trouviez le moindre inconvénient, ne me le cachez pas, je vous en prie. »

Judith fut jouée pour la première fois au Théâtre-Français le 18 avril 1843. Mlle Rachel y fut admirable. La pièce n'eut pas de nombreuses représentations; mais les connaisseurs y avaient reconnu des qualités de premier ordre. Ils sentaient que Mme de Girardin, comme auteur tragique, n'avait pas dit son dernier mot. Mlle Rachel lui demanda avec instances une nouvelle tragédie et contribua beaucoup à lui faire écrire *Cléopâtre*, qui est aussi supérieure à *Judith* qu'*Athalie* l'emporte sur *Esther*.

Dans l'intervalle qui s'écoula entre les deux pièces, la grande tragédienne écrivit plusieurs fois à Mme de Girardin. Elle lui rendait compte, avec exactitude et sans fausse modestie, des ovations qu'elle recevait en province et à l'étranger :

« Rouen, 1er juin 1843.

« MADAME,

« Vous m'avez dit de vous rendre compte de mes pérégrinations lointaines, et je vous obéis, dussiez-vous maudire mille fois la mauvaise inspiration qui vous condamne aujourd'hui à déchiffrer mon griffonnage (1). Je suis assez contente de mon commencement. Le public rouennais, qui a la réputation d'être très difficile et la prétention de le paraître, a bien voulu se montrer indulgent à mon égard; il m'a applaudie, et il a fait un bien plus grand effort : il m'a écoutée. Or, vous savez sans doute que les habitants de cette bonne ville se promènent dans le parterre pendant la représentation et ne prêtent aux acteurs qu'une attention dédaigneuse. J'ai joué *Phèdre* d'abord, ensuite *Marie Stuart*, puis *Polyeucte*. Cette dernière pièce a surtout excité l'enthousiasme; tout l'honneur au grand Corneille, bien entendu. Couronnes, bouquets, rien n'a manqué à la fête. Je devais partir aujourd'hui même pour Marseille, mais j'ai été obligée de résister aux instances réitérées de la direction, des abonnés,

---

(1) Mlle Rachel s'accuse a tort. Son écriture est très lisible

des collèges, etc.; je joue donc encore demain, et samedi je serai à Paris pour vingt-
quatre heures seulement. Je ne sais si, pendant ce court séjour, j'aurai le temps d'aller
vous remercier du charmant dîner auquel
vous avez bien voulu m'inviter ; en tous cas,
je compte sur votre bienveillance pour m'excuser. Vous seriez bien aimable de me répondre à cette lettre à Marseille; une lettre
de vous est trop précieuse pour que je vous
en tienne quitte et, d'ailleurs, si vous tenez à
avoir la corvée de lire ma mauvaise écriture,
il me faut un encouragement. »

A Marseille, nouveau triomphe et nouvelle
lettre, du 21 juin 1843 :

« Les Marseillais sont charmants. Si leur
enthousiasme pouvait être un peu moins
bruyant, je les aimerais tout à fait. Ils ne dé-
tellent pas mes chevaux à la vérité, mais ils
empêchent ma voiture d'avancer. Pour revenir chez moi après le spectacle, je mets environ une heure à faire cent pas. La dernière

fois que j'ai joué, espérant m'esquiver plus facilement à pied, je priai M. Méry de me donner le bras. A peine avions-nous franchi le seuil de la porte, nous fûmes reconnus et aussitôt poussés, pressés, étouffés par une foule toujours croissante. L'éloquence de mon chevalier échoua devant l'enthousiasme de ces bons Marseillais. Nous ne trouvâmes de salut que dans la boutique d'un chapelier dont la porte fut bientôt assaillie, et le commissaire de police vint nous offrir l'appui de son écharpe escorté d'une vingtaine de soldats; mais je vous prie de croire que nous refusâmes dédaigneusement ce secours, et, confiants dans les sentiments de la multitude, nous nous présentâmes à elle, lui demandant de nous livrer passage. Alors ce furent des applaudissements, des acclamations, un vrai triomphe ; je parvins enfin à rentrer chez moi très flattée, mais rendue, moulue, fondue, et promettant qu'on ne m'y reprendrait plus.

« Jusqu'à présent, c'est *Horace* qui a eu les honneurs; la scène muette a été particulièrement appréciée : franchement, je n'attendais pas tant du public de Marseille. Je suis bien ingrate cependant de ne pas le porter aux nues, car il me témoigne son affection de toutes les manières. Le côté positif ne reste pas en arrière. Les recettes ont atteint un chiffre jusque-là inconnu, celui de 8,200 francs; j'en suis toute fière, quand on m'assure que celle de Talma n'avait pas dépassé 5,500; il est vrai que les temps sont changés!

« Je ne finirai point ma lettre sans vous raconter un petit trait d'audace qui me fait peur quand j'y repense de sang-froid : au milieu d'une des scènes les plus vives de Bajazet, ne voilà-t-il pas qu'on s'avise de me jeter une couronne, moi de ne pas y faire attention, voulant rester en situation, et le public de crier : « La couronne! la couronne! » Atalide, plus au public qu'à son rôle, relève la couronne et me la présente. Indignée d'une interruption aussi vandale, digne vraiment d'un public d'Opéra, je prends avec colère la malencontreuse couronne et la jette brusquement de côté pour continuer Roxane. La fortune aime les audacieux; jamais preuve plus

forte de cet axiome : trois salves d'applaudissements accueillirent ce premier mouvement irréfléchi.

« Pardon mille fois de ce long griffonnage ;
j'espère qu'il aura pour effet de vous rappeler
votre promesse de m'écrire.

« Agréez, Madame, la nouvelle expression
des sentiments que je vous ai voués. »

Nous engageons les directeurs des grandes
scènes lyriques de l'Europe à méditer cette
lettre. Puisse-t-elle les dégoûter de l'abus des
bouquets de commande qui paralysent l'action et qui font ressembler une représentation
théâtrale à une séance de société d'horticul-
ture. Si la grande Rachel repoussait les couronnes dont elle était si digne, comment qua-
lifier les fleurs de complaisance ? Que, dans
une avant-scène, une femme enthousiasmée
par le talent d'une grande artiste, lui jette son
bouquet, rien de mieux. Mais ces bouquets
de la direction, qui sont rangés dans les couloirs comme dans une serre, que l'ouvreuse
passe à un spectateur de l'orchestre, que le

spectateur de l'orchestre passe à un musicien,
que le musicien passe à l'artiste, et qui souvent, hélas! tombent comme le pavé de l'ours,
ces bouquets ne sont pas des hommages, ce
sont des maladresses.

Le 3 juillet 1845, Mlle Rachel écrivait de
Brest à Mme de Girardin.

« MADAME,

« Je m'empresse de profiter de la permis-
sion que vous m'avez donnée de vous écrire,
pour vous parler de mes succès de province.
J'ai commencé mon voyage par la Bretagne,
et je regrette beaucoup d'avoir pris des engagements avec Lyon et avec l'Alsace, qui me
forcent d'abréger mon séjour ici ; j'aurais pu
employer très fructueusement dans la seule
Bretagne mes trois mois de congé. Les Nan-
tais m'ont d'abord accueillie, et rien dans leur
accueil ne m'a rappelé que j'étais chez ces
Bretons si froids et si peu enthousiastes ;
j'aurais cru plutôt me trouver à Marseille.
Tout ressemblait aux chaleureuses impressions des habitants du Midi. Il paraît que la

tragédie est préférée en Bretagne à tous les autres spectacles; car l'on m'assure que jamais le public ne s'est tant porté au théâtre, et que jamais les prix n'ont été si élevés. Toutes les villes veulent de moi; je me suis fait de mauvaises affaires avec Rennes, Vannes, Saint-Brieuc, où je n'ai pu me rendre; les journaux de ces villes se sont plaints avec amertume de mon peu d'empressement. Angers m'a envoyé du papier timbré, oui, du vrai papier timbré. Un petit bossu, véritable huissier de comédie, est venu, la plume derrière l'oreille, me remettre, parlant à ma personne, un exploit en bonne forme, pour m'assigner à jouer devant les Angevins, de par la loi ou de par le roi; tout cela, parce que, dans la conversation, j'avais laissé tomber une parole qu'un sieur Combette, directeur du théâtre d'Angers, avait prise pour une promesse (cela me prouve une fois de plus que les rois de théâtre, comme les rois de la terre, doivent peser leurs moindres paroles). Quelque neuve que fût cette façon d'être engagée, je me révoltai contre, et jamais les Angevins ne m'au-

raient aperçue, si des menaces le sieur Combette n'était passé aux larmes. Il m'a dépeint
son désespoir, celui de toute la ville dont il
était l'interprète, enfin il m'en a tant dit que
j'ai joué *Andromaque* à Angers. J'ai été ravie
de la salle, des spectateurs, des spectatrices,
dont le goût et la toilette m'ont rappelé le
public de Paris. Mais je ne vous dis rien de
Brest, où je suis depuis deux jours, et c'est
presque aussi de par la loi que je m'y trouve.
Ah! que c'est loin, Brest! Mais quel beau
port, ou plutôt quel bel arsenal! Et le bagne?
J'avoue ma prédilection pour le bagne. Quel
joli feuilleton vous feriez, si vous vous étiez
promenée comme moi pendant deux ou trois
heures au milieu de tous ces forçats à figures
effrayantes, si vous leur aviez parlé comme
je l'ai fait! Vous n'auriez peut-être pas eu ce
courage, car je vous assure qu'il en faut pour
entrer en conversation avec ce rebut de l'humanité. Je ne conçois pas qu'un écrivain
remarquable n'ait pas profité d'un moment
de loisir pour faire un voyage à Brest; il aurait pu, je vous assure, avoir des impressions

13.

très intéressantes et cependant très vraies, ce qui est rarement le fait des impressions de voyage.

« Je m'aperçois qu'en voilà bien long; je ne veux pas prendre sur un temps aussi précieux que le vôtre. Si vous étiez assez aimable pour jeter à la poste quelques lignes à mon adresse, envoyez-les à Lyon, où je serai dans peu de jours, et dites-moi ce que devient *Cléopâtre*. Je reçois une lettre du commissaire royal, qui m'annonce que la pièce de M. Ponsard, allant à l'Odéon, nous n'aurons rien de nouveau pour l'année prochaine. Peut-être serait-ce le cas de produire votre *Cléopâtre*. Croyez, Madame, aux sentiments sincères que vous m'avez inspirés. »

Depuis plusieurs années, Mme de Girardin méditait cette tragédie sur la fameuse reine d'Égypte, l'enchanteresse de l'antiquité. En 1841, racontant dans ses *Lettres parisiennes* un concert donné à l'Abbaye-aux-Bois, au profit des inondés de Lyon, elle avait écrit (1) :

---

(1) *Lettre parisienne*, 10 février 1841.

« M^llo Rachel a parfaitement dit le songe d'*Athalie* et toute la scène avec Joas. Son succès a été complet. M. de Chateaubriand, M. le duc de Noailles, M. Ballanche, toutes les illustrations de l'endroit l'ont applaudie avec enthousiasme. On l'a trouvée très belle comme tragédienne et très jolie comme femme. Elle était mise à merveille : son costume, d'un goût exquis, tenait à la fois du salon et du théâtre ; c'était une robe blanche garnie de chefs d'or et nouée autour du cou par un chef d'or, avec de longues manches flottantes, puis dans ses beaux cheveux noirs des bandelettes d'or. Ce n'était pas une Athalie, sans doute ; Athalie ne devait pas être si agréable ; mais c'était une Cléopâtre, gracieuse jusque dans sa violence, séduisante jusque dans sa haine, délicate jusque dans sa cruauté. »

Qui mieux que M^llo Rachel pouvait rendre ce type fascinateur ? Qui pouvait mieux représenter cette grande magicienne dont Plutarque a si bien décrit les apparitions merveilleuses? « Elle remonta le Cydnus dans un navire dont la poupe était d'or, les voiles de pourpre et les avirons d'argent. Le mouvement des rames était cadencé au son des flûtes, qui se mariait à celui des lyres. La reine elle-même, magnifiquement parée, était couchée sous un pavillon broché d'or. De jeunes enfants l'entouraient, habillés en Amours, et ses femmes, vêtues en Néréides et en Grâces, tenaient le gouvernail ou les cordages. Les parfums qu'on brûlait sur le navire embaumaient au loin les deux rives. « C'est Vénus elle-même », s'écriaient les habitants éblouis. Qui pouvait mieux que Rachel reproduire cette figure éclatante comme le ciel de l'Égypte, mystérieuse comme ses secrets sacerdotaux, séduisante et fatale comme sa civilisation, cette reine dont la mort résuma la vie, car c'était un symbole de son caractère qu'un serpent au milieu des fleurs, cette nouvelle Ève dont Antoine expirant ne croyait point avoir payé trop cher l'amour par la perte de l'empire du monde?

Mlle Rachel se passionna tout de suite pour

la tragédie de Mme de Girardin. Elle lui écrivit le billet suivant, au moment où la pièce allait être soumise au comité du Théâtre-Français :

« MADAME,

« Le temps est sombre, mais il n'y a plus d'orage. Plus tôt vous lirez *Cléopâtre*, mieux cela vaudra; pour ma part, vous savez le désir *ardent* que j'ai de jouer bientôt votre magnifique rôle. Je veux être du comité de lecture jeudi prochain; quel serait le Thésée assez fort pour m'en défendre l'entrée?

« Je me dis et me dirai toujours votre toute dévouée. »

Peu de temps après, la tragédienne adressait à l'auteur de la tragédie cet autre billet non daté :

« CHÈRE MADAME,

« Je vous envoie ma loge pour admirer le

port majestueux de votre future Octavie (1). Voilà ce qui peut s'appeler être une véritable artiste; car enfin nous sommes rivales. Elle est plus belle, mais je me crois meilleure. Tout mon dévouement. »

Avant de jouer *Cléopâtre*, Mlle Rachel avait fait en Hollande et en Angleterre une tournée triomphale. Elle en rendit compte à Mme de Girardin par une lettre datée de Londres, 14 juillet 1846, qui peint bien tout le caractère de l'artiste, impressionnable, irritable, amoureuse de sa gloire, exaspérée contre ses envieux, justement fière de ses triomphes, ayant la conscience de sa force, de son talent, de son prestige.

« Londres, 14 juillet 1846.

« MADAME,

« Combien il est aimable à vous de m'encourager de nouveau à vous raconter quel-

***

(1) Mlle Rimblot, qui joua dans *Cléopâtre* le rôle d'Octavie.

ques-uns de mes succès en Hollande ! Les nouvelles que j'ai trouvées à Amsterdam en quittant Paris m'ont tellement éprouvée que j'en étais arrivée à oublier mes succès de chaque soir après la chute du rideau. Est-ce là être artiste? Était-ce là mériter l'accueil plus que flatteur que me faisaient les Hollandais? Heureusement qu'il reste à tout mortel une certaine dose d'espérance, et la mienne est d'oublier les piqûres de quelques pauvres hères et de remonter grande et forte, emportant avec moi assez de mépris pour en jeter à la face de ceux qui voudront m'atteindre de nouveau dans la course où je vais m'élancer. Aussi, pour que la transformation fût complète, Dieu m'a accordé le châtiment à mes fautes en m'envoyant une bonne maladie qui a manqué de m'enlever à ce monde. C'est un souvenir, sinon agréable, au moins profitable pour l'avenir, et l'accomplissement du tableau de conduite que je viens d'imprimer dans mon petit, mais dur cerveau.

« Quel étrange galimatias ! allez-vous dire en lisant ces quelques lignes auxquelles vous

ne comprendrez peut-être pas grand'chose.
Et à quel propos chercher à vous faire comprendre ce qui doit vous intéresser peu ?
Aussi pardon, Madame. Mon excuse est dans
le chagrin que j'ai eu et que j'ai encore d'un
passé aussi triste que déplorable pour mes
propres sentiments.

« C'est de mes succès que je vais tâcher de
vous entretenir, puisque vous avez bien voulu
m'assurer, Madame, que vous liriez avec indulgence et écouteriez sans sourire les ovations qu'on m'a faites en Hollande. D'abord,
à Amsterdam, succès du silence le plus religieux (le plus flatteur peut-être), puis de
recettes monstres, enfin d'enthousiasme,
c'est-à-dire trépignements, cris, bouquets et
couronnes; rien n'y a manqué. J'ai donné
sur cette scène six représentations, et, sans
des engagements qui m'appelaient ailleurs,
j'aurais pu doubler ce nombre. Mais ce qui
m'a étonnée, et ce qui a étonné les Hollandais
eux-mêmes, c'est qu'ils quittaient leurs ravis-
santes maisons de campagne, qu'ils aban-
donnaient bière et cigares pour se rencontrer

dans un gouffre de quarante à cinquante
degrés de chaleur, le soir au théâtre, sans
compter qu'ils augmentaient leur transpira-
tion par ce mouvement assez réitéré et continu des deux mains se rapprochant sans
cesse pour me couper la voix et faire le bruit
le plus agréable à l'oreille d'un véritable
artiste.

« J'ai quitté cette bonne ville d'Amsterdam, la tête, le cœur et les poches pleins de
toute chose qu'il faut pour être à peu près
heureux dans ce monde; j'allais me rendre
à Liège, lorsqu'on me fit connaître le désir
que manifestait S. M. la reine des Pays-Bas
de m'entendre à la Haye, n'ayant pu quitter
cette résidence à cause de l'absence du roi.
J'étais affichée à Liège pour le surlendemain
de mon départ d'Amsterdam, et, pour sa-
tisfaire S. M. la reine sans manquer à mes
engagements envers les Liégeois, je fis ainsi :
je quittai Amsterdam à dix heures du matin;
je fus rendue à la Haye vers une heure; à
cinq heures je pris un maigre repas; à six
heures, je m'habillai avec la robe la plus

noire, c'est-à-dire en deuil, et je me rendis là
où se trouvait la reine, les princes et une
société brillante et nombreuse. Mon frère
me donna la réplique de plusieurs scènes
détachées de mon répertoire; à dix heures,
la séance fut levée, grâce au ciel, car ma fatigue était extrême. Sa Majesté, pour me
combler davantage encore après l'honneur
qu'elle m'avait fait de me désirer, me dit des
choses mille fois gracieuses, et y ajouta un
fort beau bracelet. Tout fut terminé. A une
heure du matin, j'étais sur la grande route,
pressant mon postillon pour arriver à temps
à Liège, et j'arrivai. Mais ne voilà-t-il pas
que le roi, de retour de la Haye, me fait
mander pour quelques représentations sur le
Théâtre-Royal !

« Sans doute j'étais honorée et flattée du
souvenir que j'avais laissé, puisqu'il me valait
cet ordre. Malheureusement je me trouvai
dans l'impossibilité de réaliser ce charmant
voyage. Alors on me fit promettre de revenir
en l'an 1847, à quoi je répondis par un *certainement* empressé. Quant à Liège, Anvers

et Lille, elles ont suivi cette bonne impulsion en m'accordant les mêmes succès. En un mois, j'ai gagné trente-cinq mille francs. Si le succès, par le temps qui court, n'est pas l'effet du mérite, on ne peut nier que l'argent aussi vite gagné ne le constate immédiatement. Donc voilà pour contenter amis et ennemis, en cas qu'il me reste de ces derniers; il y en a tant qui ont réussi à me faire de la peine qu'ils doivent cesser de me haïr.

« Voilà, Madame, pour mon mois de juin. Maintenant, il me reste six semaines à passer en Angleterre. Mais ici, qui ne sait que tous les jours se ressemblent, si ce n'est le dimanche qui me semble, à moi, un jour plus triste que les autres jours de la semaine! Pourtant si les Anglais veulent chaque soir m'applaudir, comme on m'a applaudie en Hollande, je ne me plaindrai point de cette monotonie-là.

« Mon chagrin, des représentations successives, une maladie de quinze jours, m'ont empêchée de m'occuper jusqu'ici du beau rôle de Cléopâtre que vous avez bien voulu confier à mon intelligence. Mais aujourd'hui que mon chagrin est non disparu, mais caché, que mes représentations à Londres me laissent plus de repos, que ma santé est meilleure, je vais tout faire pour justifier le choix que vous avez fait pour votre *Cléopâtre*. Adieu, Madame; permettez-moi maintenant de réclamer toute votre indulgence pour cette malhonnête et longue lettre, qui sans doute vous a pris un temps précieux.

« Je me dirai toujours, Madame, votre toute dévouée. »

N'est-ce point là une lettre qui révèle la fougue et la flamme d'une nature ardente entre toutes? Probablement ce qui trouble Mlle Rachel, l'angoisse secrète dont tous ses lauriers de tragédienne ne peuvent la distraire, ce n'est point un simple ennui de théâtre, ce n'est point la malveillance de tel ou tel directeur, de tel ou tel journaliste. Non : c'est quelque peine plus sérieuse, c'est quelque chagrin plus profond.

Cléopâtre était devenue la consolation de

Mlle Rachel, qui écrivait à Mme de Girardin, le 1er septembre 1848, cette lettre datée de Marly-le-Roi :

« Déjà j'aurais été vous remercier, Madame, de l'intérêt continu que vous avez bien voulu prendre à ma santé pendant ces trois mois passés, si cette même santé, qui m'a tant fait souffrir, ne m'eût obligée, depuis mon retour en France, de me soigner en vraie malade que je suis. Les médecins m'ordonnent le repos le plus absolu et me font revenir de la campagne pour suivre un traitement nécessaire. Je ne rentrerai au Théâtre-Français que dans les premiers jours de novembre, et encore à cette époque ne pourrai-je jouer qu'une fois par semaine. Cela est sans doute bien fâcheux pour le théâtre; mais je vous assure, Madame, que cela est bien triste aussi pour moi de vivre séparée de la seule et véritable jouissance qui me reste dans ce monde. Cléopâtre va devenir ma seule compagne. Avec elle, je vais penser, et j'espère qu'on pourra mettre votre œuvre en

répétition vers la fin de novembre. M. Buloz
l'espère, et moi je lui en ai donné la certitude. Dès que la Faculté me permettra le
grand air et la promenade, c'est rue de Chaillot que j'irai tout d'abord vous dire de vive
voix, Madame, combien mon cœur a été
touché et reste reconnaissant des souvenirs
que vous m'avez témoignés pendant mon
dernier congé. Votre toute dévouée. »

Cleopâtre fut jouée avec un grand succès
le 13 novembre 1847. L'auteur et l'interprète
eurent une même ovation. Cette Cléopâtre,
c'était bien la femme qui, apparaissant à une
époque solennelle de l'histoire, à l'heure où
le vieux monde finissait et où allait commencer le monde nouveau, personnifia en
elle, comme pour les résumer en une seule
idole, toutes les séductions, tous les charmes
du paganisme. Ce que l'on devait admirer,
ce n'était pas seulement le rôle de la reine,
c'était aussi celui de l'esclave qui a obtenu
ses faveurs, sous la condition que le lendemain il expierait par la mort cet honneur,

cette joie suprême, et qui cependant, heureux de son sort, s'écrie dans l'ivresse du souvenir :

Une femme régnait sur des peuples sans nombre ;
De sa beauté, les rois, les dieux étaient épris ;
Moi, j'étais son esclave et je l'aimais dans l'ombre,
    Heureux même de ses mépris.

Je ne pouvais jamais l'approcher ni l'entendre ;
Mais, pour apercevoir ou son voile ou sa main,
Je la suivais partout ; je vivais pour l'attendre
    Et me jeter sur son chemin.

Un jour, elle vint voir les travaux des fontaines...
Je tombai prosterné de crainte à son aspect...
O Vénus ! tout l'amour qui dévore mes veines
    Parla dans ce brûlant respect.

Pour lui plaire, il faut être un héros fier et brave,
Et moi, par quels hauts faits ai-je su l'attendrir ?
Je n'ai dit qu'un seul mot : « Reine, je suis esclave,
    Mais j'aime et je voudrais mourir ! »

Et la nouvelle Isis que l'Égypte idolâtre
A souri par caprice à l'esclave du port...
J'ai vu pâlir d'amour la reine Cléopâtre...
    Et joyeux, je t'appelle, ô Mort !

Viens donc ! tous les orgueils des gloires insensées,
Toutes les voluptés, tous les feux de l'amour,
Tous les enivrements des royales pensées,
    Je les ai connus en un jour !

Je suis prêt à partir pour les rivages sombres ;
Prends mon sang et ma vie et mon jeune avenir.
Mais permets qu'avec moi j'emporte chez les ombres
  Le souvenir !... le souvenir !...

Nourris tes noirs vautours de ma chair déchirée,
Sous des rocs éternels roule mon corps meurtri,
Mais laisse à mes regards son image adorée,
  A mes lèvres son nom chéri !

Je subis tes arrêts, ô Mort ! sans une plainte ;
Respecte mon bonheur... il m'est venu de toi. .
Et sur mon front glacé laisse vivre l'empreinte
  De ses baisers qui m'ont fait roi.

Au moment où elle joua *Cléopâtre*, Mlle Rachel était arrivée depuis quelque temps déjà à l'apogée de son prodigieux talent. Cette faculté extraordinaire d'ébranler toutes les âmes, de faire tressaillir toutes les fibres, de répandre dans une foule haletante des frissons d'enthousiasme, des effluves, de l'électricité ; cette puissance de diction qu'un seul être humain, un prêtre, le père Lacordaire, a possédée au même degré dans notre époque, la grande tragédienne l'avait poussée au paroxysme. Mais de tels génies ne fournissent pas une longue carrière. Il faudrait pour

durer que, pareils à la salamandre, ils pus-
sent vivre au milieu du feu. Comme la Malibran de l'ode d'Alfred de Musset, ils concentrent avec une énergie suprême toutes leurs
forces dans un corps qui se brise, et ils se regardent mourir.

Mlle Rachel commençait à sentir les premières atteintes d'une cruelle lassitude. Peu
de jours après les premières représentations
de *Cléopâtre*, elle écrivait à Mme de Girardin
le 13 décembre 1847 :

« Non, je ne suis pas malade; mais, malheureusement, je ne me sens pas toutes les
forces que je voudrais avoir dans ce moment.
On ne vous a pas dit vrai en disant que je
ne voulais plus jouer; mais, ce qui n'est que
trop vrai, c'est que je ne peux plus jouer ce
que je voudrais, et que j'aime mieux m'éloigner complètement de la scène que de paraître encore dans un autre rôle que celui de
Cléopâtre, et je suis sûre, chère madame de
Girardin, que *vous*, vous ne douterez pas un
instant de mes paroles quand je vous dirai

que je ne me sens plus assez de force pour
rendre votre beau rôle comme il doit être
rendu.

« Quant à toutes les petites tracasseries du
théâtre, nous devons, vous et moi (permettez-
moi de m'associer à vous dans cette circonstance), nous mettre très au-dessus de leur
atteinte. N'écrivez donc point à M. Buloz,
et j'espère que bientôt nous pourrons prouver
par des faits que le beau est toujours beau,
et que le vrai mérite triomphe toujours de
l'envie et des petites intrigues dont elle
marche accompagnée. »

Que de misères dans cette existence de
reine de théâtre, en apparence si radieuse!
Que d'intrigues, que de haines à déjouer!
Quel supplice que d'apercevoir toujours devant soi ces rivales qui seraient si heureuses
de vos défaillances; ces femmes méchantes,
féroces, que vos triomphes mettent à la tor-
ture et qui attendent avec une impatience
fébrile le moment tant souhaité de votre
déclin! Et dans le public combien de figures

antipathiques, semblables à celle de cet Anglais barbare qui suivait partout un fameux
dompteur, dans l'espérance de le voir un jour
dévoré par les lions et les tigres ! Et parmi ces
femmes du monde, ces belles élégantes qui,
sur le devant de leur loge, manient l'éventail
avec grâce, se disent vos admiratrices et vous
applaudissent nonchalamment, combien y en
a-t-il qui épient avec une malveillance cachée
le moindre défaut de votre toilette, le moindre pli de votre front, la moindre faiblesse de
votre voix ! Que de regards jaloux se dissimu-
lent sous le double verre des lorgnettes ! Que
voulez-vous ? ces femmes-là sont obscures,
et vous, vous êtes célèbre. Voilà ce qu'elles
ne vous pardonnent point !

Et puis, comme il y a des heures où ce
monde factice du théâtre excède la grande
artiste, où elle prend en dégoût les portants
des coulisses, la fausse clarté de la rampe,
où, fatiguée de l'art, elle voudrait revenir à la
nature, où, ennuyée des paysages de carton
peint, elle a, comme Phèdre, la nostalgie de la
campagne !

. Ah ! que ne suis-je assise à l'ombre des forêts !

Encore, le soir, sous les rayons du lustre, au bruit des salves d'applaudissements avec l'illusion des décors, y a-t-il dans tout cela du prestige. Mais le matin, à la répétition, quand le théâtre est dans les ténèbres, quand de longs morceaux de toile grise recouvrent les banquettes vides ; quand les acteurs, en costume de ville, balbutient leur rôle, recevant les observations, polies dans la forme, malveillantes dans le fond, d'un auteur, d'un régisseur, d'un chef d'orchestre, comme il arrive souvent à l'artiste de regarder avec dédain, que dis-je, avec douleur, cette carrière théâtrale, si remplie de déboires et d'angoisses, même pour les privilégiés du succès ! A ce moment où une faible lueur de jour pénètre à peine dans la salle noire, comme on se prend à désirer ce qui vous manque : le soleil et la liberté !

Ne répétez pas avec Gœthe : « La vie est grave, l'art est serein. » Cette soi-disant sérénité de l'art, par combien d'orages n'est-elle pas troublée? Quel tourment! toujours se contraindre, toujours vivre pour autrui, et cela sans avoir le mérite du dévouement et de l'esprit de sacrifice; feindre les passions qu'on n'a point et cacher celle qu'on a, déguiser sous le fard la pâleur de ses joues, retenir les larmes véritables et en verser de fausses, être en réalité l'esclave de ce public dont on se croit l'idole, de cette foule capricieuse, aussi ingrate pour les actrices que pour les souveraines!

Les femmes artistes sont deux fois femmes. Leur système nerveux est en proie à une irritabilité maladive. Il en est qui sont tellement surexcités par l'ardeur des luttes incessantes, par la perpétuelle tension des nerfs qui provient des âpres émotions du théâtre, qu'elles en arrivent à être jalouses non seulement de leurs rivales, mais d'elles-mêmes. Vous les louez dans un rôle, elles s'imaginent qu'implicitement vous les critiquez dans un autre. Pour conserver leur sympathie, il vous faut varier toutes les formules de louanges, épuiser tous les genres d'hyperboles. Cette soif

inextinguible d'admiration devient une souffrance. Comme le joueur qui veut toujours
jouer, comme l'ivrogne qui veut toujours
boire, l'artiste insatiable veut être constamment applaudi. Tous les éloges qui lui sont
décernés lui semblent un hommage qu'il regarde comme un droit. C'est à ses yeux une
chose toute naturelle. A peine s'il daigne y
faire attention. Mais, en revanche, la moindre
critique, quelquefois même un simple conseil,
le met hors de lui. Le succès est son pain
quotidien. Les ovations sont nécessaires à sa
santé. Parfois, s'il prend le temps de réfléchir
pendant quelques minutes, il lui arrive de se
raisonner, de se dire à lui-même : Quelle est
après tout l'importance de ce bruit monotone,
de ce bruit banal que font en se rejoignant les
mains d'indifférents ou d'inconnus? A quoi
bon ces triomphes de la scène qui ne laissent
après eux aucune trace? Pourquoi donc attacher tant de prix à de pareilles chimères, à
un vain son, à un peu de fumée? Plaisirs fac-
tices, joies de convention et de vanité, au fond
vous êtes bien peu de chose! — L'artiste se

dit tout cela. Mais les velléités philosophiques ne durent point. Ce qui reste, c'est la passion, la passion violente, acharnée pour ce théâtre, lieu de vos illusions et de vos douleurs, de vos souvenirs et de vos regrets, de vos espérances et de vos déceptions, pour ce théâtre que vous aimez jusqu'à la fureur, à la frénésie, bien qu'il vous fatigue, bien qu'il vous tourmente, bien qu'il vous tue!

La Révolution de 1848 vint encore accroître, pour Mlle Rachel, les difficultés et les émotions de sa carrière. Ce n'était plus une chose aisée d'intéresser à des fictions une foule en proie à des réalités terribles. Dans de pareils moments, l'émeute du matin nuit à la représentation du soir. Le public est tenté de se dire : « A quoi bon des tragédies sur la scène, quand il y a déjà tant de tragédies dans la rue? » Cependant la grande artiste qui, loin de craindre les obstacles, les aimait, pour avoir le plaisir de les briser, ne sentit pas faiblir son courage. Elle redoubla de talent et d'énergie. Comme M. de Girardin, au lendemain du 24 février, elle

disait, elle aussi : Confiance! confiance! Oui,
confiance dans Racine, dans Corneille, qui
dureront plus que tous les tribuns! Confiance dans la poésie qui plane au-dessus de
la politique! Confiance dans l'art qui est immortel!

Au milieu de cette frayeur contagieuse, de
cette panique où les riches supprimaient le
luxe qui fait vivre les pauvres, Mlle Rachel,
loin de diminuer son train de maison, l'aug-
menta. Jamais les livrées de ses domestiques
n'avaient été plus brillantes; jamais ses équi-
pages n'avaient été mieux tenus.

A son répertoire, elle ajouta le chant de *la
Marseillaise*. L'effet qu'elle produisit fut
indicible. Dans sa bouche inspirée, *la Marseillaise*, purifiée, agrandie, élevée à la hauteur d'un cantique national, se dégageait de
tout ce que le crime lui a prêté de sinistre.
Ce n'était plus le cri de fureur des saturnales
révolutionnnaires; c'était le chant du patriotisme, tel que l'avait conçu l'âme généreuse
de Rouget de Lisle. Quand la sublime Française, à genoux, s'enveloppant dans les plis

du drapeau tricolore, disait, de sa voix incomparable :

> Amour sacré de la patrie,
> Conduis, soutiens nos bras vengeurs.
> Liberté! liberté chérie!
> Combats avec tes défenseurs!

c'était plus qu'un hymne, c'était une prière!

Les funestes journées de juin vinrent troubler toutes les choses de l'art. La voix des
artistes fut couverte par le bruit du canon et
de la fusillade. Peu de jours après, quand
M. de Girardin fut jeté en prison par un
gouvernement qui voulait le punir de son
courage, Mlle Rachel, profondément émue,
adressa la lettre suivante à la femme du fameux publiciste :

« Dijon, 12 juillet 1848.

« CHÈRE MADAME,

« J'espère que vous ne doutez pas de la
part que j'ai prise aux chagrins de toute
sorte par lesquels vous venez de passer. Pendant que votre noble et pauvre mari était

prisonnier, je n'osais vous écrire, dans la crainte que ma lettre ne fût décachetée à la poste peu discrète de Paris; mais j'avais de vos nouvelles par ma sœur Sarah et par quelques-uns de nos amis dévoués. Aujourd'hui que M. de Girardin vous est rendu, je veux vous assurer combien j'en suis heureuse, et je vous prie, Madame, en voulant bien me rappeler à son souvenir, de lui dire que, s'il a fait des ingrats dans la grande cité, la France entière que je parcours en ce moment sait lui rendre justice, et qu'il y a encore de bien nobles cœurs qui battent comme le sien pour la digne, grande et sainte cause. Que Dieu le garde; le chaos a besoin de plus d'une étoile ! »

En 1849, la grande tragédienne eut, avec la Comédie-Française, et surtout avec le ministère de l'intérieur dont relevait ce théâtre, des démêlés qui la rendirent très malheureuse et agitèrent beaucoup son esprit si impressionnable. Elle crut devoir, pour des raisons de dignité, donner sa démission, qu'elle retira au bout de quelques jours, et c'est ainsi qu'elle rendait compte à Mme de Girardin d'une résolution si grave, si douloureuse pour un cœur d'artiste :

« Paris, le 14 octobre 1849.

« MADAME,

« Avant de quitter la Comédie-Française, j'aurais voulu passer en revue tous les rôles de mon répertoire. J'aurais été heureuse d'acquitter ainsi ma dette de reconnaissance envers les auteurs à qui j'ai dû mes succès. Le temps m'a manqué pour exécuter mon projet. Forcée de faire un choix, j'avais demandé, entre autres reprises, celle de *Cléopâtre*. L'indisposition de M. Beauvallet ne m'a pas permis de jouer la pièce. Vous le voyez, Madame, dans cette circonstance encore j'ai été malheureuse et non pas ingrate. Je tiens à ce que vous le sachiez, afin que nulle interprétation fâcheuse ne vienne tenter de m'enlever une part de cette bienveillance que vous m'avez toujours témoignée et dont je suis fière. Que ne puis-je aussi facilement prévenir toutes les suppositions malveillantes auxquelles le bruit de ma démission donne lieu ! Que ne m'est-il permis surtout de parler au public comme je vous parle et de le faire juge de ma conduite. Je me sentirais forte alors, car ce public qui m'a prise par la main à mon début, qui m'a faite ce que je suis, ce public à qui je suis tout se convaincrait que je n'ai pas cessé de mériter ses encouragements, son estime, et il me couvrirait encore de sa toute-puissante protection dès que devant lui j'aurais fait justice des calomnies dont je suis l'objet.

« On a dit d'abord que l'envoi de ma démission était le résultat d'un caprice, puisque cette démission n'avait pour objet que d'arracher à la Comédie-Française des concessions d'argent. En d'autres termes, on m'a accusée de demander à mes camarades la bourse ou la vie. Un mot tout de suite sur cette honteuse supposition, afin qu'il n'en reste rien. J'ai répondu à des propositions extrêmement brillantes qui m'ont été faites par certains aspirants à la direction du Théâtre-Français que, loin de demander une augmentation de traitement, j'irais jusqu'à faire des sacrifices, si, dans cette nouvelle organisation, les rênes de l'administration étaient confiées à des mains intelligentes et habiles. Est-ce là exploiter ma position? je le demande. Et qui pourrait révoquer en doute la sincérité de mes paroles en cette occasion, lorsqu'après la révolution de février, le lendemain même de l'installation d'un directeur que l'unanimité de nos suffrages avait désigné au choix du ministre, j'ai offert de donner l'exemple du désintéressement et d'abandonner, s'il en était besoin, pour assurer le service des pensions, dix mille francs sur mes appointements et mon congé tout entier de 1849? C'est que mes intérêts sont intimement liés à ceux de la Comédie et que sa prospérité m'importe autant que mes propres succès.

« Voilà pourquoi, dès que le choix du ministre se fut arrêté sur l'homme qui avait à juste titre toutes nos sympathies, je me fis un devoir, un bonheur de contribuer autant qu'il était en moi au succès de la nouvelle administration. Les circonstances étaient difficiles, les salles de spectacle désertes; il fallait des efforts surhumains pour arracher le public aux préoccupations politiques; je jouai trois fois, quatre fois par semaine... Je chantai pour la Comédie. Oui, Madame, vous vous en souvenez? Après Camille, après Hermione, après Phèdre, je chantai, et le public, témoin de mes efforts, ne se méprit pas sur mes intentions. Il m'en tint compte. Les applaudissements me donnèrent la force qui m'eût manqué sans eux. Je partis pour mon congé, heureuse des résultats obtenus, puisque la Comédie avait pu faire face à toutes ses dépenses, fière des témoignages de reconnaissance que me donnèrent mes camarades.

« J'étais loin de prévoir alors au mois de juin que le zèle dont je venais de faire preuve serait trouvé étrange, excessif, trois mois plus tard, et qu'on s'en ferait une arme contre moi. C'est cependant ce qui arriva. Dès la fin de ce mois, le ministre de l'intérieur crut devoir adresser au commissaire du gouvernement des observations d'une nature telle que celui-ci le pria d'accepter sa démission. De ces observations, il ressortait que les intérêts de la Comédie étaient sacrifiés aux miens, et que j'exerçais au Théâtre-Français une influence funeste.

« Je défie qui que ce soit de citer une preuve, un fait, quelque minime qu'il soit, à l'appui de la première allégation. Quant à la seconde, je n'y réponds pas, autant par considération pour l'homme que nous avions l'honneur d'avoir à notre tête que par respect pour moi-même.

« Ainsi mon dévouement aux intérêts de la Comédie était devenu une cause de disgrâce pour celui qui la dirigeait. J'aurais pu me contenter de le déplorer en silence, si sa révocation subite n'était venue me révéler toute l'étendue du mal que lui avait fait mon zèle. En présence d'un fait aussi grave et dont j'étais involontairement cause, je ne crus pas pouvoir rester plus longtemps au Théâtre-Français.

« Voilà le motif de ma démission.

« Est-ce le résultat d'un caprice ? Prononcez. Cependant un nouveau ministre arrivait au pouvoir. Je m'empressai de lui soumettre la cause de ma détermination, m'en reposant avec confiance sur ses lumières et son intégrité bien connue du soin de rendre justice à qui de droit et de donner à la Comédie-Française une constitution définitive.

« Les circonstances n'ont pas permis encore sans doute de faire cesser le provisoire qui nous régit. La Comédie reste placée sous le régime social, et aucune solution n'a eu lieu.

« On a souvent calomnié les sociétaires du Théâtre-Français en leur supposant le désir de se gouverner eux-mêmes. Non, depuis longtemps, les inconvénients et les vices d'un pareil mode d'administration leur sont connus. Chacun sait qu'il n'est plus possible. Comme mes camarades, je n'ai pas cessé de souhaiter ardemment une organisation qui, en concentrant le pouvoir dans les mains d'un directeur, donnât à l'administration l'unité de vue qui lui manque et garantît à chaque comédien la liberté d'esprit, le repos dont il a un si grand besoin dans l'exercice de son art.

« Cette nouvelle organisation, si impatiemment désirée, m'eût peut-être affranchie de toute crainte pour le présent, et donné confiance dans l'avenir : je l'ai attendue un an. Me voici arrivée au terme fixé par ma démission même. Je me retire. Ce n'est pas sans une profonde douleur, Madame, que je quitte cette scène qui me rappelle tant d'heureux souvenirs. On a dit que je m'empresserais d'aller chercher des succès loin de la France. On s'est trompé, Madame. Où donc trouverais-je un public comme celui que je quitte? Non, je ne suis pas ingrate envers lui, croyez-le bien. Non, le souvenir de son indulgence pour moi, de sa bienveillance, de sa bonté ne s'effacera pas si facilement et si vite de ma mémoire. Non. Je lui prouverai, en restant à Paris, en attendant encore, tout le prix que j'attache à son suffrage, toute la peine que j'aurais à me séparer de lui.

« Permettez-moi, Madame, de résumer en

deux mots cette lettre beaucoup trop longue.
Ma démission a été le résultat d'un sentiment
honorable. Je n'ai voulu ni ne veux d'augmentation de traitement. Je n'ai souhaité et
ne souhaite encore qu'une seule chose, la
prospérité de la Comédie-Française. Je ne la
crois possible que sous le régime d'une direction omnipotente.

« Maintenant, je n'ajouterai plus qu'un
mot : j'ai besoin d'applaudissements pour vivre, j'ai donné hier ma représentation de la
rue de Richelieu. Je compte certainement faire
quelques bonnes créations sur le charmant
petit théâtre que vous vous proposez de faire
bâtir dans votre jardin. Vous m'avez fait en-
trevoir ce dédommagement à ma retraite de
la Comédie-Française. Je saisirai chaque occasion pour vous rappeler le désir bien vif
que j'aurais de jouer chez vous. Mille par-
dons, Madame, et mille reconnaissances de
m'avoir lue jusqu'au bout. »

Cette longue lettre est vraiment remarquable. C'est le langage d'un homme d'État.

On dirait un mémorandum rédigé par un grand diplomate. Le style est ferme, la discussion serrée. L'élévation de la pensée s'accorde avec la précision de la forme. La tragédienne défend sa dignité d'artiste avec une autorité et un accent de conviction qui peignent très bien son caractère, fait pour lutter et dominer. C'est bien là Mlle Rachel avec toute son intelligence et toute sa fierté, avec toute la conscience de son talent et de sa gloire.

La tragédienne avait trop présumé de sa résignation en s'imaginant qu'elle pourrait renoncer à cette scène de la rue de Richelieu, où elle avait eu tant de soirées triomphantes, où elle avait brillé d'un si radieux éclat.

Si l'on veut savoir ce qui se passe dans l'âme d'une grande artiste lorsqu'elle s'éloigne pour un instant du théâtre, qu'on lise cette lettre de Mlle Rachel à Mme de Girardin :

« 29 octobre 1849.

« MADAME,

« Vous qui m'avez vue verser un torrent

de larmes au récit des petites misères de nos coulisses, vous comprendrez ma fuite de la capitale, si vous n'en approuvez pas la résolution. Depuis quatre jours la fièvre me gagnait, et Paris allait me rendre folle, lorsque je me déterminai à aller abriter mon imagination déjà quelque peu en délire à la campagne verte encore et dorée parfois d'un soleil tiède. Me voilà donc partie et installée dans une modeste petite chambre d'auberge. Mais, loin d'éloigner de mon cœur et de ma tête ces colonnes plus ou moins antiques, ces portiques plus chinois que romains si salement reproduits sur la triste toile de nos coulisses, j'y pense sans cesse et je demande en vain à mes chanteurs d'Ionie de calmer l'impatience que j'ai de rentrer brillante et riche des amours d'Antoine et de Xipharès.

« Mais, ô bonheur ! une étoile me parle. Elle m'annonce un directeur dirigeant seul et sans partage la vieille, trop vieille Comédie-Française. Ce directeur serait M. Merle, connu pour ses vertus et son esprit. Dans un temps de fraternité, ne serait-il pas bien de le nommer? M. Merle est digne en tous points de cet insigne honneur. Avec lui, je rentrerais au théâtre d'autant plus volontiers que je me débats en vain comme un pauvre exilé, et que, tout bien vu, tout parfaitement considéré, je ne puis vivre plus longtemps sans ce public qui m'enivrait et pour lequel je donnerais volontiers ma vie si, en l'abandonnant, il m'applaudissait une fois de plus.

« Madame, vous avez été si bonne, si bienveillante pour moi, plus encore dans ces derniers jours, que j'ose vous demander votre bonne grâce, votre crédit d'une heure. Parlez pour M. Merle, faites qu'il soit notre directeur. Je travaille en ce moment pour lui fournir un hiver brillant et fructueux. Je repasse mon répertoire et j'apprends Marion Delorme, Desdemona (de de Vigny) et Mlle de Belle-Isle. Ma sœur, qui a l'honneur de vous porter cette lettre, attendra un petit mot de réponse, si vous en aviez une à faire à ma demande.

« Agréez, Madame, l'assurance de ma gratitude et de mon entier dévouement. »

15.

Peu de temps après, Mlle Rachel faisait sa rentrée aux Français. Mais elle ne devait y jouer que six mois par an. Les six mois de congé, elle les passait en province avec une troupe à elle. En 1849, elle donna, dans toute une moitié de la France, soixante-quatorze représentations en quatre-vingt-dix jours.

La tragédienne jouait désormais les pièces en prose plus volontiers que les tragédies, parce que la prose est moins fatigante à dire que les vers. Les tirades de Racine et de Corneille exigent une dépense d'énergie fatale à une constitution déjà atteinte. On commençait à remarquer que, lorsqu'elle jouait le répertoire classique, l'actrice était obligée de précipiter son débit, de ménager sa voix et ses forces. Les drames, les comédies, qui ne réclament pas une telle somme d'efforts continus, valaient certainement mieux pour sa santé, sinon pour sa gloire. Aussi décida-t-elle Mme de Girardin à écrire pour elle une comédie en cinq actes et en prose : *Lady Tartuffe*. Les répétitions furent intéressantes. L'auteur y présidait avec cet esprit, cette grâce, cette amabilité qui lui étaient ordinaires. La meilleure leçon pour les acteurs, c'était de l'entendre. Elle disait à merveille, et aucun professeur de déclamation n'aurait donné de meilleurs conseils. Il y avait en elle tant de sève, tant de richesse d'imagination, tant d'abondance d'idées, qu'on disait que chacune de ses pièces en contenait toujours deux au moins. A chaque répétition de *Lady Tartuffe*, on coupait tantôt une scène, tantôt une tirade. « Ah! s'écriait un homme d'esprit, combien d'auteurs seraient heureux d'avoir ces rognures-là ! »

Représentée pour la première fois aux Français le 10 février 1853, *Lady Tartuffe* eut un grand succès. Mlle Rachel jouait le rôle de Virginie de Blossac, Mme Allan celui de la comtesse de Clairmont, Mlle Émilie Dubois celui de Jeanne; M. Samson faisait le maréchal d'Estigny, M. Régnier le baron des Tourbières, M. Maubant le jardinier Léonard. C'était une exécution excellente. L'œuvre était complexe, étrange, mais remarquable. Quelques personnes critiquaient le rôle de lady Tartuffe. Elles prétendaient qu'il était invraisemblable qu'une femme si fausse, si prude, si perfide, si dangereuse, fût capable d'avoir un amour. Erreur! les véritables caractères de femmes ne sont jamais des caractères tout d'une pièce. La femme est avant tout un être inconséquent. Du reste, à quelqu'un qui trouvait le type exagéré, Mme de Girardin avait répondu : « C'est un bouquet que j'ai fait des noirceurs de cinq ou six femmes de ma connaissance. »

Lady Tartuffe était une Cléopâtre moderne, une Cléopâtre qui, au lieu de régner, obéit, qui, au lieu de planer, rampe; une Cléopâtre moins la richesse et le diadème, moins la poésie et le prestige; mais une Cléopâtre par l'ambition, par l'astuce, par l'arsenal de coquetteries savantes, par la nature féline, par le mélange de douceur feinte et d'irrésistibles entraînements. A côté de ce rôle ténébreux, il y avait, pour faire contraste, celui de Jeanne de Clairmont, un petit chef-d'œuvre de gentillesse, de pureté, de suave lumière : auprès d'un serpent un agneau.

L'auteur et l'interprète furent également heureuses de leur incontestable succès. Les dernières lettres de M^llo Rachel à Mme de Girardin ne portent point de date, mais elles sont de cette époque. Les voici :

« BIEN CHÈRE MADAME,

« Comme vous seriez bonne, si vous consentiez à venir dîner chez moi aujourd'hui avec le gentil Alexandre. J'ai déjà le consentement de votre noble époux. Vous ne trouverez chez moi que des gens qui vous adorent. Si je n'étais un peu patraque, je serais allée moi-même vous arracher à la rue de Chaillot. Ma voiture sera à votre porte à six heures précises.

« Votre fidèle LADY RACHEL. »

« CHÈRE MADAME,

« Depuis trois jours, je me propose de vous aller demander si vous voulez bien me faire l'honneur et le bien grand plaisir de venir dîner chez moi mardi. Ne voulant pas faire perdre une représentation de *Lady Tartuffe*, j'ai joué mardi dernier, malgré les défenses de mon médecin. Bien m'en a pris de n'écouter que mon double désir, celui de vous être agréable et aussi de ne pas faire perdre une splendide recette au théâtre. Je ne suis pas malade, mais je n'ose pas encore sortir en voiture. Voilà pourquoi, bien chère Madame, je vous écris ce que j'aurais préféré vous demander verbalement. Je vous prie d'être mon interprète auprès de M. de Girardin pour qu'il me fasse le même honneur. J'ai le plus grand désir d'avoir M. Cabarrus; mais je ne sais pas son adresse. Voulez-vous la mettre au bas de l'aimable réponse que j'ose attendre de vous? J'espère que mes convives vous seront agréables. Nous ne serons que neuf. »

Mlle Rachel se souvenait sans doute de ce précepte : A table, il ne faut pas être moins que les Grâces, et il ne faut pas être plus que les Muses.

Hélas! ces spirituels repas, ces causeries étincelantes, ces charmants entretiens ne devaient plus guère se renouveler. Mme de Girardin et Mlle Rachel allaient connaître toutes deux le même mal : la lutte de la volonté contre la souffrance. Douloureuse destinée! C'est presque toujours au moment même où ils viennent d'arriver à l'apogée de leurs forces intellectuelles que les grands talents se sentent, pour la première fois, trahis par leurs forces physiques. Quelle cause d'indicibles angoisses : une âme de feu en prison dans un corps usé! Une foule d'œuvres admirables germaient dans le cerveau fécond de l'auteur de *Cléopâtre*. Comme André Chénier, sur les marches de l'échafaud, elle pouvait se dire en se frappant le front : « Il y avait quelque chose là! » Et voici que la mort s'avançait à pas lents pour interrompre une course si glorieusement commencée!

Au moins, Mme de Girardin avait cette consolation qu'elle laisserait après elle des poésies, des chroniques, des romans, des pièces de théâtre où elle avait mis la meilleure par-

tie de son esprit et de son cœur. Un homme
d'État qui a accompli de grandes choses, un
écrivain qui a composé des chefs-d'œuvre,
un prêtre qui a fourni la sainte carrière d'un
long apostolat, peut, comme Bossuet, parler
sans amertume des « restes d'une voix qui
tombe et d'une ardeur qui s'éteint ». Mais
l'acteur, dont le souvenir passe si rapide-
ment, quelles réflexions poignantes ne se fait-
il point quand il s'est sacrifié à des gens qui
lui en savent si peu de gré! Quelle tristesse :
la première déception, la comparaison involontaire entre le passé et le présent, la frayeur
de l'avenir, la vue de quelque rivale, bien infé-
rieure sans doute, mais fière de ses vingt ans,
l'effort convulsif de la main qui veut retenir
à tout prix le sceptre qui lui échappe, et, dans
un lointain qui se rapproche, hélas! cette
perspective si odieuse aux artistes et aux souverains : l'abdication! Non, Charles-Quint
s'ensevelissant vivant dans le monastère de
Saint-Just, Napoléon, moderne Prométhée,
que dévore, sur un roc brûlant, le vautour
de la douleur, Charles-Albert qui, dans l'exil

d'Oporto, pleure son épée brisée et l'Italie en deuil, ne souffrent pas plus cruellement qu'un roi ou qu'une reine de théâtre qui sont obligés d'abdiquer. Les choses ont comme valeur l'importance qu'on y attache. Vrais joyaux ou pierres fausses, on vous regrette également. Mlle Rachel tenait autant à sa chlamyde de tragédienne qu'un souverain à son manteau couvert de lis ou d'abeilles d'or.

Sentant que son empire était menacé, non point par une de ces rivales qu'une femme comme elle était toujours bien sûre de vaincre, mais par la rivale incapable, la rivale toute-puissante qui triomphe un peu plus tôt ou un peu plus tard, par la mort, elle voulut, comme brûlée par la fièvre, multiplier ses émotions de théâtre, recueillir en courant des monceaux d'or et de couronnes, s'imposer des fatigues excessives, faire d'immenses voyages en Europe et en Amérique, connaître tous les climats, toutes les victoires. Son congé de 1853 fut pour la Russie, où on lui alloua quatre cent mille francs à elle, cent mille francs à sa troupe. Mais en vain la fortune lui versait des trésors. Saluée comme la souveraine de l'art par les chevaliers-gardes à Saint-Pétersbourg, couverte d'une pluie de roubles et de fleurs, elle regrettait le temps où, au début de sa réputation, elle touchait à peine quelques billets de mille francs à la fin de son année. Qu'est-ce, en effet, que l'argent, qu'est-ce que la gloire elle-même à côté de ces véritables biens : la santé, la jeunesse, l'espérance ?

La mort de Mme de Girardin fut pour Mlle Rachel un chagrin profond. Elle perdait en l'auteur des *Lettres parisiennes* et de *Cléopâtre* la femme qui l'avait peut-être le plus appréciée et le mieux comprise. N'était-ce pas d'ailleurs pour elle-même un signal, un présage que cette mort qui avait passé devant la poétique demeure de la rue de Chaillot, devant « le salon qui était un temple, devant le jardin des fleurs de juin, devant la rotonde de la prêtresse de Tibur », cette mort « qui avait soufflé sur les lampes de la veille, sur la pelouse de la promenade, sur les arbres du petit parc, et tout s'était éteint, tout avait disparu (1). » Avec Mme de Girardin, Paris perdait, aux yeux de Mlle Rachel, un de ses principaux attraits. Où retrouver un pareil esprit, un tel charme, une telle grandeur d'âme, une telle élévation d'idées et de sentiments? Quelles conversations dignes d'être écoutées, après celles de la femme spirituelle entre toutes, dont la bouche inspirée venait de se fermer pour toujours.

En 1856, Mlle Rachel quitta la vieille Europe pour le Nouveau-Monde. C'était une faute. Aller en Russie, dans cette France du septentrion, où l'on parle si bien notre langue, passe encore! mais franchir l'Atlantique, faire une pénible traversée, aller de ville en ville, d'auberge en auberge, dire Racine et Corneille à des Américains, intelligents, sans doute, mais dont la plupart ne savent pas le français; être obligée, pour forcer les applaudissements, d'exagérer ses

---

(1) Méry. Article du *Pays*.

intonations et ses gestes, quelle imprudence, quel mauvais calcul !

Mlle Rachel revint en Europe frappée à mort. Sa longue agonie allait commencer, agonie cruellement troublée, agonie pleine de fièvre et d'angoisse, comme l'avait été toute sa vie, brillante à la surface, tourmentée dans les profondeurs. Elle alla demander au ciel d'Égypte un remède pour sa poitrine meurtrie. Remontant sur une cange ce Nil que rident à peine les brises du désert, elle se rappelait alors Mme de Girardin et Cléopâtre. Elle se redisait à elle-même les imprécations contre ce soleil d'Afrique qui, au lieu de la guérir, la brûlait, et, prenant, elle aussi, en horreur ce climat qu'on lui avait dit salutaire et qui n'était que dévorant, elle murmurait tout bas :

> Ah ! la vie en Égypte est un pesant fardeau.
> Va, ce riche pays, à tant de droits célèbre,
> Est pour moi, jeune reine, un royaume funèbre...
> On vante ses palais, ses monuments si beaux,
> Mais les plus merveilleux ne sont que des tombeaux.
> Si l'on marche, l'on sent, sous la terre endormies,
> Des générations d'immobiles momies.

On dirait un pays de meurtre et de remords.
Le travail des vivants c'est d'embaumer les morts.
Partout dans la chaudière un corps qui se consume,
Partout l'âcre parfum du naphte et du bitume,
Partout l'orgueil humain, follement excité,
Luttant, dans sa misère, avec l'éternité...

Revenue à Paris, Mlle Rachel ne put y rester que quelques jours. Le climat du Midi lui était indispensable. En 1857, avant la fin de la belle saison, elle se rendit, avec sa sœur Sarah, la fidèle compagne de ses souffrances, la consolatrice de ses dernières heures, au Cannet, petit village auquel on monte par le vallon de Montfleury, et qui est situé à trois kilomètres au nord de Cannes. De Marseille au Cannet, la route est admirable. Avant d'arriver à ce séjour, la grande tragédienne pouvait se rappeler les vers de Lamartine :

Mon cœur lassé de tout, même de l'espérance,
N'ira plus de ses vœux importuner le sort.
Prêtez-moi seulement, vallons de mon enfance,
Un asile d'un jour pour attendre la mort.

Elle parcourut des bois d'orangers, des champs de myrtes et de violettes, route par-

fumée, route poétique, qui la faisait renaître :
« Ah! s'écriait-elle, que je suis heureuse!
Ah! qu'il fait bon ici! »

Le village du Cannet se divise en plusieurs
petits groupes de maisons entourées d'oli-
viers. Quelques-uns de ces arbres, âgés de
plusieurs siècles, ont des dimensions colos-
sales. L'on dirait presque des ormeaux. Les
orangers, avec leurs fruits d'or, y abondent.
On se croirait dans le jardin des Hespérides.
Là, Mignon voudrait vivre. Là, elle voudrait
aimer. Là, elle voudrait mourir!

Mlle Rachel se logea dans une villa qui ap-
partenait à un monsieur Sardou, parent de
l'auteur dramatique. En descendant de voiture, elle fit le tour du jardin qui la charma.
Mais, lorsqu'elle entra dans la chambre qui
lui était réservée, elle pâlit. Cette chambre,
humide et sombre, ressemblait à un mau-
solée. Les murs étaient de marbre, les dalles
de marbre, le lit de marbre, froid comme une
tombe. La mourante crut respirer un parfum
de cimetière. Cependant, comme elle était
fatiguée, elle se coucha tout de suite dans ce

lit de mauvais augure, qui semblait fait pour mourir plutôt que pour dormir. Le lendemain, dès qu'elle fut levée, elle se mit à visiter la villa. Elle trouva une toute petite pièce qui lui plut. C'était une antichambre étroite, mal meublée, mais il y avait une fenêtre qui venait rejoindre et abriter de son riche feuillage, de son feuillage odorant, un arbre magnifique, un superbe oranger. Rachel sentit que cet arbre serait son consolateur, son ami. « C'est là que je veux loger », dit-elle; et, comme on lui faisait remarquer que cette antichamhre n'était pas digne de la recevoir : « Ah! s'écria-t-elle, ne suis-je pas descendue de mon piédestal? Rien n'est assez modeste, rien n'est assez humble pour moi. C'est dans la poussière, oui, dans la poussière, que je voudrais m'agenouiller. » Il n'y avait pas de lit. « C'est un lit de sangle que je veux! » s'écria-t-elle avec tant d'énergie qu'il fallut bien lui donner le pauvre lit de sangle qu'elle demandait. Elle s'y coucha le soir, dans cette pièce qu'elle avait choisie et qu'on n'aurait pas trouvée assez belle pour sa femme de chambre. Le matin, elle fit entr'ouvrir sa fenêtre. Le soleil, qui semble compâtir aux souffrances des malades, répandait sa clarté bienfaisante. Les branches de l'oranger pénétraient dans la chambre. « Le bel arbre! s'écria Rachel en souriant. Le bel arbre! Je veux lui dire bonjour. »

La noble artiste ne se faisait guère d'illusion. Elle avait le pressentiment de sa fin prochaine et acceptait déjà la mort avec autant de courage que de douceur et de dignité. Trois ans auparavant, elle avait perdu une sœur qu'elle chérissait, Rebecca, morte de la poitrine, à l'âge de vingt-cinq ans. Elle l'avait soignée, veillée jusqu'à la fin avec le dévouement d'une sœur de charité. Cinq fois, elle avait fait le voyage de Paris aux Eaux-Bonnes pour calmer les souffrances de la malade chérie. Après avoir recueilli son dernier soupir, elle était restée huit heures de suite debout, immobile, pétrifiée comme une statue de la douleur, et, le lendemain seulement, ses yeux secs, rougis par la fièvre, s'étaient enfin inondés d'une pluie de larmes. Elle avait reconduit à Paris le corps de la morte, et, depuis, elle ne voulut jamais écarter de son esprit la funèbre image de cette bonne et sympathique jeune fille, de cette sœur cadette qu'elle aimait avec une tendresse maternelle. Sous les ombrages du Cannet, Rebecca lui apparaissait. Il lui semblait entendre une voix mystérieuse, et cependant connue, qui arrivait à elle comme un écho d'un autre monde, et qui lui disait : Viens !

Un jeune officier de marine, nature loyale et distinguée, homme d'esprit et de cœur, vint la voir plusieurs fois au Cannet. Jamais peut-être elle n'avait inspiré une affection plus désintéressée, plus noble. Les derniers rayons de cet astre qui allait s'éteindre pour toujours, la beauté mélancolique et maladive de cette femme, dont les dernières paroles ressemblaient au chant du cygne, de cette mourante qui, avant de rendre son âme à Dieu, résumait tout ce qu'il y avait de meilleur en elle, tout ce qu'il y avait de plus profond, de plus pénétrant, de plus vrai, cette agonie bien autrement touchante que celle des héroïnes de Racine ou du grand Corneille, tout cela inspirait au jeune homme une émotion, un respect presque religieux. Il fit alors un rêve, un rêve digne d'un poète : il voulut décider Mlle Rachel à se faire chrétienne comme la Pauline de *Polyeucte*, et puis à se marier avec lui. Il songeait à un hymen funèbre, comme celui de Marguerite dans le roman de Mme de Girardin, un hymen où l'époux, en passant l'anneau nuptial au doigt de la fiancée, déjà refroidie par l'approche de la mort, peut lui dire, comme dans la mélodie de Schubert :

> Adieu ! Tu vas m'attendre,
> Bientôt je dois partir,
> Mon cœur fidèle et tendre
> Te garde un souvenir.
> Adieu, jusqu'à l'aurore
> Du jour en qui j'ai foi,
> Du jour qui doit encore
> Me réunir à toi !

Ce rêve ne se réalisa point. Mlle Rachel ne voulut point renoncer à la foi de ses pères. Et cependant, de tous ses rôles, c'était celui de Pauline dont elle se préoccupait le plus. C'était celui dont les vers lui revenaient sans cesse à l'esprit, celui dont elle parlait sans cesse dans ses conversations avec sa sœur. « Oh ! Sarah, dit-elle un matin, j'ai pensé toute la nuit à *Polyeucte*. Si tu savais quels effets nouveaux, quels effets magnifiques j'ai trouvés ! Vois-tu, pour étudier, il est bien inutile de parler, de faire des gestes; il faut penser, il faut pleurer ! »

Pauvre Rachel ! pauvre Rachel !

Que ne l'étouffais-tu, cette flamme brûlante
Que ton sein palpitant ne pouvait contenir !
Tu vivrais, tu verrais te suivre et t'applaudir
De ce public blasé la foule indifférente
Qui prodigue aujourd'hui sa faveur inconstante
A des gens dont pas un, certes, n'en doit mourir.

Connaissais-tu si peu l'ingratitude humaine ?
Quel rêve as-tu donc fait de te tuer pour eux ?
Quelques bouquets de fleurs te rendaient-ils si vaine,
Pour venir nous verser de vrais pleurs sur la scène,
Lorsque tant d'histrions et d'artistes fameux,
Couronnés mille fois, n'en ont pas dans les yeux (1).

---

(1) Alfred de Musset.

Hélas ! et pendant qu'à la nuit tombante, tu cherches en vain sur ton lit de douleur un peu de sommeil, un peu de repos, là-bas à Paris, les théâtres se remplissent ! Toi, l'artiste indispensable, ils disent que tu n'es pas si nécessaire qu'on le prétendait. Il y a de belles recettes au Théâtre-Français. A quoi bon la tragédie ? *Mlle de la Seiglière* fait de l'argent ! Et puis on se livre à des parallèles entre toi et la Ristori ! Ah ! te dis-tu parfois, si j'avais fait pour Dieu la moitié, le tiers, le quart de ce que j'ai fait pour cet ingrat public !

Mais, si bien des gens oubliaient la grande tragédienne, il y avait, en revanche, quelques amis fidèles qui pensaient à ses souffrances, et qui, de loin, lui envoyaient des marques d'un attachement sincère. La reconnaissance était une des qualités de Mlle Rachel. Pour les remercier, elle fit un effort suprême. En un seul jour, elle écrivit de sa propre main, de cette main brûlante qui allait être sitôt glacée, dix-sept lettres à ses meilleurs amis, pour leur souhaiter le nouvel an. Elle fit arranger en même temps dix-sept petites caisses qu'elle remplit d'oranges et de fleurs, et qu'elle envoya aux destinataires des lettres. « Cela leur fera plaisir, dit-elle. Ils verront que je vis encore et que j'ai pensé à eux. »

Elle s'occupa aussi de ses dispositions testamentaires avec un esprit aussi ferme que lucide. Parmi ses légataires figurait l'empereur Napoléon III, pour qui elle avait une grande admiration. Elle lui légua le buste en marbre de Napoléon Ier, par Canova. Au plus célèbre des journalistes modernes, à M. de Girardin, elle laissa comme souvenir une plume en or, avec des « Ne m'oubliez pas » en pierreries. Il a fait encadrer la dernière lettre de son illustre amie. Elle est ainsi conçue, et les caractères, tracés encore avec fermeté, en sont très lisibles :

« 1er janvier 1858.

« Je vous embrasse cette nouvelle année. Je ne pensais pas, cher ami, pouvoir encore, en 1858, vous envoyer ma sincère affection.

« RACHEL. »

16.

La mourante se réjouissait de l'avoir vue, ne fût-ce que pour quelques heures, cette nouvelle année qui, elle le croyait, ne devait point luire pour elle. Pourtant, peu de jours auparavant, elle avait eu comme une faible lueur d'espoir et s'était alors commandé une robe neuve. Il lui semblait qu'elle remontait sur la scène, qu'une pluie de fleurs saluait sa rentrée. « Ah! disait-elle, comme ils vont m'applaudir! »

Hélas! elle se trompait. Il ne devait plus y avoir pour elle d'autres ovations que le bruit des oraisons funèbres. Elle mourut le 3 janvier, conservant jusqu'au bout toute sa connaissance, se regardant, s'écoutant mourir, s'attendrissant sur le chagrin de sa sœur, mais supportant son propre sort d'une manière intrépide. La fièvre entrecoupait ses paroles. Elle se reposait un instant, puis, faisant un effort, essayant un dernier sourire, elle se remettait à parler. Comme Gœthe expirant, elle voulait de l'air et de la lumière. Il lui semblait déjà qu'elle étouffait sous la dalle du tombeau. « Sarah, s'écriait-elle, donne-moi tes mains. Comme elles sont fraîches. Moi, les miennes brûlent. — Sais-tu ce qui fait que je sens que tout est fini ? c'est que je n'ai plus de mémoire. Cette nuit, j'ai voulu me rappeler mon rôle de Pauline. Impossible, je voyais des nuages de feu, des fantômes que je voulais saisir et qui me fuyaient. »

Elle demanda qu'on ouvrît la fenêtre pour voir encore une fois son cher oranger. Les parfums du matin arrivaient jusqu'à elle. Elle les respirait, et, jetant sur le jardin un dernier regard : « C'est beau ! s'écriait-elle. Oui, je regrette tout cela. Et pourtant, je ne dois pas me plaindre. J'avais tant horreur de la décrépitude !... N'est-ce pas, Sarah, tu leur diras que je suis morte avec tous mes cheveux, toutes mes dents ; que je n'étais pas trop laide encore... Oh ! ne pleure pas, ne pleure pas, je t'en supplie. Il ne faut pas pleurer. Il faut sourire. Je suis délivrée !... Quand je vais être morte, tu me feras belle. Tu mettras dans ma chambre des fleurs, oui, beaucoup de fleurs, toutes celles que tu pourras trouver... »

Pour une nature si énergique, si ardente,
ce n'est pas chose facile que de mourir. L'a-
gonie fut vraiment une lutte. Quand elle sentit que la mort était décidément la plus forte,
Rachel eut une émotion suprême, et des
pleurs lui montèrent aux yeux au moment
même où elle rendit l'âme. Lorsqu'on s'aperçut que son pouls avait cessé de battre, on re-
marqua que son visage était inondé de larmes.

A l'instant où un israélite vient d'expirer,
il est d'usage que des pauvres qui, tout le
temps de l'agonie, attendent dans une pièce
voisine, pénètrent dans la chambre mortuaire
pour y prier. On avait fait venir les pauvres
de la confrérie de Nice. Ils entrèrent et se mirent à réciter des versets de la Bible, le plus
beau de tous les livres si l'Évangile n'existait
pas !

Curieuse coïncidence ! au moment où Rachel mourut, la nature fut tout à coup en
deuil. Il était dix heures du matin, et l'on se
serait cru en pleine nuit. Le mistral soufflait
avec fureur comme une voix d'outre-tombe.
Le ciel était sillonné d'éclairs. Tout le temps

du séjour de Rachel au Cannet, il avait fait un temps superbe, à l'heure de sa mort un orage éclata.

Suivant sa recommandation, l'on embauma son corps. « Au moins, avait-elle dit, je serai sûre de n'être pas enterrée vivante, ce dont j'ai eu souvent si peur. » Puis sa sœur et ses domestiques ramenèrent le cercueil à Paris. (Ses serviteurs l'adoraient. Elle était pour eux d'une douceur, d'une générosité extrême, et ne les changeait jamais.) Une neige épaisse tombait à flots. On ne se souvenait pas, depuis vingt-cinq ans, d'avoir vu tant de neige dans le Midi. « Ah! disait Sarah, quel linceul! »

Les obsèques de Mlle Rachel eurent lieu à Paris le 11 février 1858, devant une foule innombrable. La veille de l'enterrement, l'un des meilleurs amis de la tragédienne, M. Jules de Prémaray, avait écrit : « Que de repentirs tardifs, que de remords vont troubler les âmes de plusieurs autour de cette fosse! Ah! croyez-moi, heureux aujourd'hui qui peut sa-

luer la grande morte sans tressaillir aux cris
de sa conscience, sans se dire : j'ai écouté
mes colères enfantines et mes rancunes mauvaises ; j'ai écrit qu'elle manquait d'intelligence ; j'ai dit qu'elle était grande et j'ai dit
qu'elle était petite ; j'ai tenté d'abaisser ce que
j'avais élevé, et mon orgueil seul s'est brisé
contre ce marbre antique qui est resté debout
et qui descend debout dans la tombe (1). »

Plusieurs discours furent prononcés avant
la dernière pelletée de terre jetée sur le cercueil. Quelle chose saisissante l'oraison funèbre d'une actrice ! Le contraste du théâtre et
du cimetière, de la clarté du lustre et de la
nuit du tombeau, des salves d'applaudissements et de l'éternel silence, les noms des
pièces tout étonnés de retentir dans le lieu
sinistre où il n'y a de gravées que des épi-
taphes, les figures de rivaux et de rivales
dont les jalousies ne sont même pas désar-
mées par la mort ; le public fiévreux, pressé,
haletant, d'acteurs, de directeurs, d'auteurs,

---

(1) M. Jules de Prémaray. Article de *la Patrie*.

de journalistes, qui, même en face d'un tel spectacle, pensent l'un à son rôle, l'autre à sa direction; celui-ci à sa pièce nouvelle, celui-là à son feuilleton de la semaine! N'est-ce pas surtout au monde du théâtre que s'appliqueraient bien ces paroles d'un grand sermonnaire, Massillon :

« Nous nous hâtons de profiter des débris les uns des autres. Nous ressemblons à ces soldats insensés qui, au fort de la mêlée, et dans le temps que leurs compagnons tombent de toutes parts à leurs côtés sous le fer et le feu des ennemis, se chargent avidement de leurs habits, et, à peine en sont revêtus, qu'un coup mortel leur ôte, avec la vie, cette folle décoration dont ils venaient de se parer... Loin de nous détromper par l'exemple de ceux que nous voyons disparaître, il sort de leurs cendres mêmes des étincelles fatales qui viennent rallumer tous nos désirs, tous nos attachements pour le monde; et la mort, cette image si triste de notre misère, la mort ranime plus de passions parmi les hommes que toutes les illusions de la vie. »

La tombe est fermée. La foule se disperse. Les conversations bruyantes recommencent. Chacun retourne à ses affaires ou à ses plaisirs. Quelques-uns ont été émus. Mais combien l'émotion passe vite! C'est Bossuet qui l'a dit : « Les mortels n'ont pas moins de soin d'ensevelir les pensées de la mort que d'enterrer les morts mêmes. » Oh! l'oubli, ce second linceul; l'ingratitude, cette plaie du siècle!... De tant de personnes que Rachel avait émues, électrisées, de tant d'autres à qui elle avait fait du bien (Dieu seul connaît ses dons si généreux et ses aumônes si abondantes), de tant d'admirateurs, de tant d'obligés, combien y en a-t-il qui viennent encore au Père-Lachaise, ne fût-ce qu'une fois par an, jeter une couronne sur sa tombe?

Il y avait pourtant de bien grands côtés dans cette nature exceptionnelle, digne d'inspirer des attachements sincères, des attachements profonds. Comme toutes les grandes célébrités, Mlle Rachel a été l'objet de calomnies innombrables, et l'on a trop souvent oublié ce qu'il y avait de noblement fier et de vraiment généreux dans son cœur. On lui a reproché d'avoir eu à un trop haut degré le sentiment de sa force, la conscience de sa gloire. Il est vrai qu'elle n'aurait pas permis à un prince, à un roi, à un empereur, de lui manquer de respect. Traitée avec admiration dans toutes les cours où elle avait paru, elle était habituée aux prévenances et aux égards. Elle se souvenait de ce que lui avait dit le plus majestueux des souverains de l'Europe, le czar Nicolas, un jour où elle n'osait pas s'asseoir devant ce potentat fameux : « Asseyez-vous, Mademoiselle ; les royautés comme la mienne passent, la royauté de l'art ne passe pas. » Elle pensait que la supériorité du talent ne doit fléchir ni devant celle de la naissance, ni devant celle de la fortune. Mais si elle était fière, dédaigneuse quelquefois, avec les grands de la terre, avec les riches, les heureux, comme elle était polie, comme elle était douce, comme elle était bonne pour les petits, pour les humbles ! Elle se préoccupait

17

de leur sort, elle s'intéressait à leurs peines. Ceux pour qui elle était surtout affable au théâtre, c'étaient les plus modestes, les dédaignés, figurants, employés, machinistes. Elle les aimait comme une czarine aime les moujicks. Et aussi, comme ils la comprenaient, comme ils l'admiraient! comme ce petit peuple était fier de sa souveraine!

Il y avait, à la Comédie-Française, un vieil allumeur de quinquets qui était là depuis trente ou quarante ans. Il connaissait à fond les traditions. Il avait vu dans tous leurs rôles Mlle Duchesnois et Talma. Rachel le respectait. Un jour, elle venait de jouer pour la première fois la *Marie Stuart* de M. Lebrun. Après sa première scène, elle n'eut guère qu'un succès d'estime. Le public n'était pas décidément enthousiaste. Quand elle rentra dans la coulisse, elle jeta un rapide regard sur le vieil employé. Il lui parut triste. Voulant savoir la véritable cause de cette tristesse, elle le fit demander dans sa loge : « Eh bien! lui dit-elle, vous n'avez pas l'air content. Trouvez-vous que je n'aie pas bien joué?

— Mais, très bien, très bien, Mademoiselle.
— Non, dit-elle, non ! Vous n'êtes pas franc.
Je sens que je n'ai pas bien dit ma scène. Vous
avez entendu Mlle Duchesnois; comment la
disait-elle ? » Alors l'allumeur de quinquets
essaya d'indiquer ce que faisait Mlle Duchesnois pour rendre l'émotion de Marie Stuart
sortant de son cachot, et saluant le grand
air, les nuages. C'était comme une femme
qui étouffait et qui respire, comme un pois-
son qui, après avoir été jeté sur le rivage, est
relancé en pleine mer, comme un oiseau
captif qui reprend sa liberté. Et il se déme-
nait, il faisait des gestes... « J'ai compris, dit
Rachel, et à la prochaine représentation vous
verrez! » A la prochaine représentation, elle
fut sublime. Dans le public c'était du délire.
En sortant de scène, elle fit venir son obscur conseiller, et, lui mettant dans la main
une belle montre d'or : « Merci, dit-elle,
merci ! »

On a accusé la grande tragédienne de trop
tenir à l'argent. Sans doute, elle aimait à le
gagner. Mais pourquoi? Pour en faire profi-

ter sa famille, pour assurer l'avenir de ses enfants, pour secourir les pauvres, dont elle était la providence, pour sauver de la misère, peut-être même de plus grands désastres, des personnes qui, si elles lisent ces lignes, se souviendront.

On lui a reproché aussi un caractère trop vif, une nature trop ardente. Ah ! comme M. de Prémaray a eu raison de le dire : « Tenez, je sens en moi un irrésistible sentiment de révolte quand j'entends reprocher aux grands poètes et aux grands artistes leur nature inquiète, tourmentée, désordonnée, si vous voulez. Avez-vous compté leurs larmes ? Avez-vous compté leurs heures d'insomnie et de découragement ? Avez-vous compté le nombre de ces terribles accès de fièvre que vous preniez pour de simples accès de talent ? Avez-vous compté les gouttes de sang qu'ils ont versées dans la lutte ? Non. En ce cas, taisez-vous. »

Mlle Rachel n'a été si admirable comme tragédienne que parce qu'elle sentait plus vivement qu'aucune autre femme, que parce qu'elle avait, à un degré exceptionnel, la faculté de s'émouvoir, la faculté de souffrir. Entre son caractère et son talent, il y avait de grandes analogies : même fierté, même énergie, même passion. Ses joies et ses tristesses ont dépassé la mesure commune. A côté des émotions extatiques que donnent les triomphes de la scène, elle a eu d'indicibles angoisses. Comme beaucoup de grandes natures, elle a, dans une destinée pleine de vicissitudes, connu toutes les extrémités de la bonne et de la mauvaise fortune. Elle a commencé par la pauvreté, elle a fini par la douleur. Célébrée avec enthousiasme, calomniée avec férocité, elle a eu des admirateurs fanatiques et des ennemis implacables. Ses chagrins ont été comme son talent : immenses. Elle a vu, par une dure expérience, ce qu'il en coûte à une femme d'être célèbre. Une couronne, réelle ou fictive, est toujours bien lourde à porter : Mlle Rachel a senti sous son diadème de reine de théâtre des clous de fer qui lui meurtrissaient le front. Sa vie a été une fièvre perpétuelle. Dévorée par la double

flamme de son imagination et de son génie,
elle aspirait au repos et, en même temps,
elle en avait horreur. Tout en elle a été agité,
tout a été extraordinaire, son enfance et sa
vocation, ses luttes et ses triomphes, ses souffrances et sa mort.

Mlle Sarah Félix a recueilli religieusement,
dans son hôtel de l'avenue de l'Impératrice,
comme dans un petit musée, tous les souvenirs que lui a laissés son illustre sœur. Il y a
la pendule qui sonna à la grande tragédienne
tant d'heures tristes. Il y a le service en por-
celaine de Sèvres avec un R gravé en or, qui
figurait dans les dîners où elle charmait ses
convives par tant d'esprit et tant de grâce.
Dans le salon se trouve le beau portrait peint,
il y a vingt-sept ans, par M. Charles Muller;
Mlle Rachel est assise, pâle, rêveuse, mélancolique, les mains jointes, les cheveux en bandeaux lisses. Elle porte une robe de velours
noir avec une rangée de boutons d'or et un col
de dentelle blanche. Sur la robe, un châle de
point d'Alençon est jeté négligemment. La

tragédienne est adossée à une bibliothèque à demi cachée par un rideau rouge. A côté d'elle, il y a, sur une petite table, dans une coupe de bronze, un bouquet de ses fleurs favorites, les violettes, et un livre, sans doute les œuvres de son poète préféré, de Corneille. Le fond du tableau est la brume d'un lointain assombri, avec des montagnes, des nuages. Le portrait est d'une ressemblance merveilleuse. Jamais ami de Mlle Rachel n'a contemplé sans émotion cette toile vivante. Elle l'avait donnée à son père et à sa mère pour leurs étrennes. Sur le cadre, il y a cette dédicace : *A mes bons parents*.

Auprès du portrait qui représente ainsi Mlle Rachel sous l'aspect intime, dans la vie privée, il y a un tableau de Gérôme qui nous montre, non plus la femme, mais l'artiste, l'artiste prêtresse de l'art, personnification idéale de la tragédie antique, avec une tunique rouge, des bandelettes blanches, une couronne de lauriers, le visage sombre, l'air fatal, s'appuyant contre une colonnade sur laquelle sont inscrits en caractères grecs trois noms immortels : Sophocle, Eschyle, Euripide.

En face du portrait signé par Charles Muller est un pastel du même peintre. Il fut fait trois ans avant la mort de Mlle Rachel. C'est une peinture maladive, douloureuse, un pressentiment. Les teintes effacées ont je ne sais quoi de crépusculaire; on dirait une ombre.

Au premier étage, on pénètre dans une toute petite pièce qui ressemble à un oratoire et qu'on pourrait appeler la chambre des souvenirs. Au plafond est suspendue une lampe de cuivre, la lampe traditionnelle des Hébreux, celle qu'on trouve dans la plus modeste chaumière des israélites de l'Alsace; de l'Alsace, berceau de la famille de Mlle Rachel, de cette Alsace infortunée dont la grande tragédienne, qui avait l'âme si française, aurait tant pleuré les douleurs!

Dans la *chambre des souvenirs*, il y a une grande vitrine en ébène, avec des feuilles de laurier sculptées sur le bois, et au-dessous de la glace, les armes de la tragédie : le masque, la coupe, le poignard. Cette vitrine contient les reliques théâtrales : plusieurs des costumes fameux sur lesquels se fixaient naguère tant de regards ardents, tant de lorgnettes curieuses, la tunique et le diadème de Phèdre, le péplum d'Hermione, le collier de Monime, la robe de Lesbie, le manteau de l'Émilie de Cinna.

De chaque côté de la vitrine on lit, dans deux tableaux, en caractères d'une calligraphie très soignée, ornés d'arabesques et d'enluminures, deux articles nécrologiques aussi émus l'un que l'autre, celui de Théophile Gautier et celui de M. Jules de Prémaray, hommage rendu et à la grande tragédienne et aux deux critiques qui avaient eu le mérite de la comprendre et de célébrer dignement sa gloire.

Sur l'autre mur, il y a deux cadres en ébène qui contiennent des cheveux. Quand Mlle Rachel avait perdu sa sœur Rébecca, elle avait fait mettre la chevelure de la morte dans un de ces deux cadres. Ce que Rachel fit pour Rébecca, Sarah devait le faire pour Rachel. Les cheveux de la grande tragédienne ont été mis dans un cadre semblable, qui sert de pendant à l'autre.

Au milieu est le fusain de M^mo Frédérique O'Connell, dessiné d'après une photographie de Rachel morte.

L'artiste est sur son lit funèbre. Sa tête est appuyée sur l'oreiller où, vivante, elle cherchait en vain un peu de calme. Ses mains amaigries sont étendues comme des mains suppliantes. Elle est revêtue d'une robe blanche, d'une robe qui est un linceul. Sa noble tête est couronnée de lauriers.

Ah! c'est bien là l'image de la femme qui a expié sa gloire par tant de souffrances et qui ne s'est reposée que dans la mort, de la muse éloquente qui, après avoir donné à nos poètes une seconde immortalité, après avoir planté fièrement, dans l'ancien monde et dans le nouveau l'étendard pacifique de la grande littérature française, a succombé martyre de l'art, victime de l'enthousiasme, de celle à qui l'on pourrait dire, comme Alfred de Musset à la Malibran :

Meurs donc! ta mort est douce, et ta tâche est remplie
Ce que l'homme ici-bas appelle le génie,
C'est le besoin d'aimer; hors de là tout est vain;
Et, puisque tôt ou tard l'amour humain s'oublie,
Il est d'une grande âme ou d'un heureux destin
D'expirer comme toi pour un amour divin!

FIN.

Paris. — Soc. d'Imp. PAUL DUPONT (Cl.)19.4.88.

www.ingramcontent.com/pod-product-compliance
Ingram Content Group UK Ltd.
Pitfield, Milton Keynes, MK11 3LW, UK
UKHW022325090726
13658UKWH00001B/94